Raab

Nach der Adipositas-OP

Dr. Heike Raab ist Oecotrophologin und Ernährungsberaterin VDOE. Seit über 20 Jahren arbeitet sie im klinischen Bereich in der Ernährungsberatung/-therapie überwiegend in der Adipositas-Therapie und Diabetologie. Zudem ist sie Referentin für Multiplikatoren zu den verschiedenen ernährungstherapeutischen Themen. Menschen auf ihrem Weg vor und nach der OP zu begleiten ist ihr ein großes Anliegen. »Essen nach der Adipositas-OP bedeutet nicht, dass eine weitere Diät durchgeführt werden soll. Es heißt vielmehr, das Essen – wenn auch in kleinen Portionen – wieder zu genießen. Eine Veränderung der Essgewohnheiten ist vor und insbesondere nach der Adipositas-OP Voraussetzung für eine erfolgreiche Gewichtsabnahme und das Halten des erreichten Gewichts.«

Auf dem Cover ist folgendes Rezept (2 Portionen) abgebildet:
Feldsalat mit Ziegenkäse (S. 43)

Dr. Heike Raab

Nach der Adipositas-OP

Das Kochbuch für mein neues Leben

TRIAS

« Saatencracker (S. 127) mit Koriander-Limetten-Dip (S. 118)

Pfirsich-Halloumi-Spieß (S. 52)

Liebe Leserin, lieber Leser,

seit Ihrer OP ist einige Zeit vergangen und Sie haben vermutlich einige Höhen und Tiefen erlebt. Viele neue Gewohnheiten konnten Sie hervorragend in Ihren Alltag integrieren, bei manchen fiel es etwas schwerer. Gehen Sie daher zu Beginn des Buches mit mir auf eine kleine Zeitreise, damit Sie sich vergegenwärtigen, was Sie schon alles geschafft haben!

Nicht nur direkt nach der OP, sondern vor allem langfristig gilt es, auf die neuen Ess- und Bewegungsgewohnheiten zu achten. Dieses Buch möchte Sie dabei mit allen wichtigen Informationen, die Sie benötigen, und vielfältigen Anregungen unterstützen.

Das Herzstück in diesem Kochbuch für Ihr neues Leben sind natürlich die vielen leckeren Rezepte und Ideen, damit Sie nach wie vor gut versorgt sind. Sie finden Anregungen zu verschiedenen Themen: Was können Sie kochen, wenn es mal schnell gehen muss? Was können Sie zur Arbeit mitnehmen, um leistungsfähig und konzentriert zu sein? Es gibt köstliche Gerichte für die Familie und die Freunde, aber auch für Feste und Feiern. Lassen Sie sich außerdem von den tollen Knabbereien und Getränken überraschen. Es sind bewusst viele Rezepte mit Hülsenfrüchten enthalten, damit Sie sehen können, wie vielseitig diese proteinreichen Lebensmittel zu verwenden sind und wie wunderbar sie schmecken. Lassen Sie sich inspirieren!

Ich wünsche Ihnen viel Vergnügen beim Kochen und Genießen!

Ihre Dr. Heike Raab

Zeitreise

Gehen Sie mit mir auf eine kleine Zeitreise. Viel ist in den letzten ein bis zwei Jahren bei Ihnen passiert, Ihr Leben hat sich verändert, hoffentlich überwiegend zum Positiven. Nehmen Sie sich einen Moment Zeit, genießen Sie die Ruhe und gehen Sie in Gedanken zurück.

Erinnern Sie sich an die Zeit, als Sie sich das erste Mal mit dem Thema Operation beschäftigt haben? Was war der Auslöser, wer hat Sie auf die Möglichkeit einer Operation aufmerksam gemacht? Erinnern Sie sich noch daran, wie Sie nach vielem Abwägen, vielen Zweifeln und auch vielen Hoffnungen zum Telefon gegriffen haben und einen Termin für ein Erstgespräch im Adipositas-Zentrum vereinbart haben? Erinnern Sie sich an das Gespräch mit dem Arzt: Haben Sie sich aufgehoben und wertgeschätzt gefühlt? Sicherlich wurde Ihnen im Adipositas-Zentrum aufgezeigt, was Sie im Vorfeld, bevor überhaupt ein Antrag bei der Krankenkasse gestellt werden kann, zu erledigen haben. Bescheinigungen von verschiedenen Ärzten organisieren, je nach BMI ein sechsmonatiges multimodales Konzept mit Ernährungsberatung, psychologischem Gutachten und wenn möglich mit Bewegung durchlaufen. Die Überlegungen, ob die neuen Ernährungsempfehlungen nach der OP auch gut umgesetzt werden können.

Dann haben Sie alle Unterlagen beisammen, der Antrag kann gestellt werden. Immer die besorgte Frage: Wird mir die Krankenkasse die OP genehmigen? Was, falls nicht?

Der bange Gang zum Briefkasten: Hat die Krankenkasse schon geantwortet und, wenn ja, was steht in dem Schreiben? Dann endlich die Zusage! Sie rufen in Ihrem Adipositas-Zentrum an, Sie werden auf die OP vorbereitet und treffen zum vereinbarten Termin ein. Es geht los für Sie!

Erinnern Sie sich an manchen Zweifel, ob dies der richtige Weg für Sie ist oder ob Sie es nicht doch ohne OP schaffen könnten? Erinnern Sie sich an die Unterstützung Ihrer Familie, Ihrer Freunde, von Selbsthilfegruppen und Therapeuten? Erinnern Sie sich auch an manche mahnende Stimme von Menschen aus Ihrem Umfeld, die einer OP eher kritisch gegenüberstanden und Ihnen davon abraten wollten? Sie haben sich nicht beirren lassen auf Ihrem Weg in ein anderes Leben.

Seitdem ist viel geschehen, Sie sind operiert, haben den Kostaufbau nach der OP gut umgesetzt, haben herausgefunden, welche Lebensmittel günstig für Sie sind und welche nicht. Sie haben vielleicht in den ersten Wochen nach der OP noch Schwierigkeiten mit dem Essen gehabt, haben nur sehr kleine Mengen essen können, kamen nicht auf ausreichend Protein und haben sich wahrscheinlich gefragt, wie es für Sie weitergehen soll.

Mittlerweile haben Sie sicherlich schon jede Menge Gewicht verloren, hatten zwischendurch vermutlich auch mal einen Durchhänger, weil Sie alles wunderbar umgesetzt haben und sich auf der Waage eine Zeitlang aber überhaupt nichts bewegt hat. Dieser Gewichtsstillstand, der bei jedem nach der OP auftreten kann, direkt danach oder auch erst nach ein paar Monaten. Aber auf einmal fühlt sich das Leben leichter an, Sie sind beweglicher, können wieder mehr unternehmen. Genießen Ihr Leben in einer anderen Art und Weise!

Seien Sie stolz auf das, was Sie erreicht haben!

Mein perfekter Tag

Frühstück:

Quarkbrötchen

Für 6 Portionen • gelingt leicht
⏲ 10 Min. + 15 Min. Backzeit

125 g Magerquark • 1 Ei • 3 EL Milch • 2 EL Rapsöl • 1 EL Zucker • 1 Prise Salz • 150 g Vollkornmehl • ½ Pck. Backpulver

- Backofen auf 200 Grad vorheizen. Quark, Ei, Milch, Öl, Zucker und Salz in einer Schüssel gut verrühren. Mehl und Backpulver mischen und dann portionsweise unterrühren bzw. kneten.

- Mit 2 Esslöffeln 6 Teighäufchen auf ein mit Backpapier belegtes Backblech setzen. Im Ofen ca. 15 Min. backen.

Nährwerte pro Portion
150 kcal • 7 g E • 5 g F • 18 g KH

Tipp Genießen Sie zum Frühstück ein selbst gemachtes Quarkbrötchen mit etwas Butter und 1 Scheibe Emmentaler, macht insg. 15 g Eiweiß.

Mittags:

Linsensalat

Für 2 Portionen • gelingt leicht
⏲ 40 Min.

80 g Paradina- oder Belugalinsen • ½ rote Spitzpaprika • 1 Lauchzwiebel • 1 EL Rapsöl • 2 EL Essig • Salz • Pfeffer

- Linsen nach Packungsanleitung garen. Paprika und Lauchzwiebel waschen und klein schneiden. Alles in einer Schüssel vermischen.

- Öl und Essig verrühren, mit Salz und Pfeffer würzen und mit der Linsenmischung vermengen.

Nährwerte pro Portion
185 kcal • 10 g E • 6 g F • 18 g KH

Tipp Der Linsensalat liefert Ihnen weitere 10 g Eiweiß. Als leichter Nachmittagssnack bietet sich dann Joghurt im Glas (Seite 103) an (mit 12 g Eiweiß). Ihr Getränk könnte heute z. B. Himbeer-Limette (Seite 136) sein.

Abends:

Grüner Spargel mit Halloumi

Für 2 Portionen • gelingt leicht
25 Min.

150 g grüner Spargel • 1 Knoblauchzehe • ½ Zitrone • 1 EL Olivenöl • Salz • Pfeffer • 150 g Halloumi • 1 TL Olivenöl

- Spargel putzen. Aus gehacktem Knoblauch, Zitronensaft, Öl, Salz und Pfeffer eine Marinade herstellen und den Spargel darin einige Minuten einlegen. Halloumi in dünne Scheiben schneiden.

- Spargel aus der Marinade nehmen, in 1 TL Öl anbraten und ca. 15 Min. garen. Halloumi kross anbraten. Dann beides zusammen genießen.

Nährwerte pro Portion
355 kcal • 22 g E • 28 g F • 2 g KH

Tipp Dieses tolle Duo versorgt Sie mit weiteren 22 g Eiweiß. Ein kleiner Abendsnack könnte dann noch 1 Portion Hanf-Cracker (Seite 126) sein. Diese liefert Ihnen 11 g Eiweiß. Insgesamt haben Sie an diesem Tag dann 70 g Eiweiß erreicht. Das ist ideal! Und bitte denken Sie auch an Ihre Supplemente.

Essen nach der OP – wie geht es weiter?

Die ersten Monate nach der OP sind geschafft und Sie haben viel erreicht! Achten Sie auch weiterhin auf Ihre neuen Essgewohnheiten und ganz besonders auf das wichtige Protein. Und vergessen Sie nicht, Ihr Essen zu genießen!

Ihre Operation liegt nun schon einige Monate zurück. Den Kostaufbau direkt nach der OP haben Sie wunderbar hinbekommen, auch die Umstellung auf das festere Essen hat gut geklappt. Sie wissen, welche Lebensmittel Sie gut vertragen und welche Ihnen eher noch etwas Schwierigkeiten bereiten. Sie achten auf Ihr Protein, essen langsam, kauen gut und achten auf Ihr Sättigungsgefühl. Sie trinken schluckweise und ausreichend, trennen Essen und Trinken, trinken keine zuckerhaltigen und keine kohlensäurehaltigen Getränke. Sie nehmen regelmäßig Ihre Vitamine und Mineralstoffe ein, nehmen Ihre Nachsorgetermine wahr und bewegen sich deutlich mehr als vor der OP.

Sie haben schon richtig gut abgenommen, allerdings wird das Abnehmen nun langsamer. Sie haben das Gefühl, dass die Portionsgrößen etwas größer werden, sind vielleicht auch etwas beunruhigt.

Sie fragen sich, wie es langfristig weitergehen soll, worauf Sie weiterhin achten müssen. Welche Nährstoffe sind weiterhin wichtig? Wie sieht es mit der Portionsgröße aus und wie mit den Supplementen? Wie oft sollen Sie essen? Wie erreichen Sie Ihre Proteinmenge? Wie klappt es mit dem Essen am Arbeitsplatz? Wie ist es, wenn Sie unterwegs sind? Können Sie Ihr Essen genießen? Und was ist, wenn Sie wieder zunehmen? Das sind viele Fragen, die Ihnen nachfolgend beantwortet werden sollen.

Warum Protein so wichtig ist

Protein, umgangssprachlich auch als Eiweiß bezeichnet, ist nach wie vor ein besonders wichtiger Nährstoff für Sie. Protein erfüllt im Körper vielfältige Aufgaben, die wichtigsten sind u. a.:

- Baustein für Zellen und Gewebe (z. B. Muskeln, Organe, Blut, Haare, Haut)
- Baustein für Hormone und Enzyme
- Bestandteil des Immunsystems
- Transport von Nährstoffen im Blut (z. B. Fette, Eisen)

Da die Körperzellen ständig erneuert werden, brauchen Sie eine regelmäßige Zufuhr von Protein. Pro Tag werden 60–80 g Protein empfohlen.

Direkt nach der OP war es für Sie sicherlich nicht einfach, diese Menge zu erreichen, zum einen, weil Sie nur kleine Mengen essen konnten, und zum anderen, weil Sie nicht alles vertragen haben.

Wenn Sie Ihre Proteinmenge mit natürlichen Lebensmitteln erreichen, so ist das wunderbar. Tierische Lebensmittel wie Milch, Milchprodukte, Fisch, fettarme Fleischsorten und Fleischwaren, Geflügel und Eier liefern ein hochwertiges Protein. Doch die empfohlene tägliche Menge an Protein sollte nicht nur über tierische Produkte aufgenommen werden. Auch pflanzliche Lebensmittel wie Hülsenfrüchte, Kartoffeln, Brot und Getreideflocken enthalten Protein und können – je nach Kombination – aufgewertet werden. Die Kombination macht's.

Es gibt verschiedene Lebensmittelkombination, die sich ergänzen und besonders hochwertige Proteine liefern.

Muss ich noch Protein ergänzen?

Sollte es Ihnen mittlerweile noch schwerfallen, die Menge von 60–80 g Protein pro Tag mit normalen Lebensmitteln zu erreichen, so ist es sinnvoll, Proteinpräparate zur Ergänzung zu verwenden. Hier gibt es verschiedene Möglichkeiten:

- Proteinpulver mit mind. 80 % Proteingehalt. Es gibt Pulver mit verschiedenen Geschmacksrichtungen, das als Shake angerührt werden kann. Pulver mit neutralem Geschmack können Sie ebenfalls als Shake anrühren oder in Ihren Kaffee einrühren (Temperatur beachten!).
- Proteinriegel (Zuckergehalt beachten)
- fertige Proteindrinks (im Handel erhältlich, Zuckergehalt beachten)
- Proteinwasser (z. B. von allin)

Im Handel werden auch Protein- bzw. Aminosäuretabletten angeboten. Diese enthalten jedoch nur geringe Mengen an Protein und sind somit nicht geeignet.

Gute Kombinationen für die Proteinversorgung

Kombination	Rezeptbeispiel
Kartoffel + Ei	Kartoffelsalat mit Ei (Seite 93)
	Bratkartoffeln mit Spiegelei (Seite 55)
Kartoffel + Milchprodukt	Pellkartoffel mit Frühlingsquark (Seite 53)
	Rosmarinkartoffeln mit Grillkäse (Seite 67)
Getreide + Hülsenfrüchte	Risotto mit Erbsen (Seite 56)
	Weißer Bohnenaufstrich (Seite 116) + Brot
	Falafel (Seite 101)
	Linsenbratlinge (Seite 98)
	Chili con Grünkern (Seite 111)
	Mini-Burger (Seite 66)
Getreide + Milchprodukt	Kässpätzle (Seite 72)
	Grissini mit Parmesan (Seite 132)
	Quarkwaffeln (Seite 102)
	Käsefüße (Seite 132)
	Topfenstrudel (Seite 84)
	Quarkbrötchen (Seite 10)

Proteingehalt verschiedener proteinreicher Lebensmittel

Lebensmittel	10 g Protein sind enthalten in	Protein in g pro 100 g Lebensmittel
Milch und Milchprodukte		
Buttermilch	330 g	3
Joghurt, natur, 1,5 % Fett	285 g	3,5
Joghurt, natur, 3,5 % Fett	250 g	4
Milch, 1,5 % Fett (fettarme Milch)	285 ml	3,5
Milch, 3,5 % Fett (Vollmilch)	285 ml	3,5
Quark, Magerstufe	70 g	14
Quark, 20 % F. i. Tr.	80 g	13
Käse		
Allgäuer Hartkäse, 45 % F. i. Tr.	35 g	28
Brie, 45 % F. i. Tr.	50 g	21
Camembert, 30 % F. i. Tr.	40 g	24
Emmentaler, 45 % F. i. Tr.	35 g	28

Lebensmittel	10 g Protein sind enthalten in	Protein in g pro 100 g Lebensmittel
Frischkäse, Halbfettstufe, 20 % F. i. Tr.	85 g	12
Halloumi, 43 % F. i. Tr.	35 g	28
Hand-, Harzer Käse, 0,5 % F. i. Tr.	35 g	30
Körniger Frischkäse, Hüttenkäse, 20 % F. i. Tr.	85 g	12
Mozzarella, 45 % F. i. Tr.	60 g	17
Parmesan, 45 % F. i. Tr.	30 g	31
Schafskäse, 50 % F. i. Tr.	65 g	16
Ziegenfrischkäse, 45 % F. i. Tr.	120 g	8,5
Milchalternativen		
Hafermilch	1110 ml	0,9
Mandelmilch	1000 ml	1,0
Sojamilch	280 ml	3,6

Lebensmittel	10 g Protein sind enthalten in	Protein in g pro 100 g Lebensmittel
Hülsenfrüchte		
Dicke Bohnen, Saubohnen, getrocknet	35 g	28
Dicke Bohnen, Saubohnen, gegart	85 g	12
Erbsen, grün, roh	145 g	7
Erbsen, grün, getrocknet	45 g	23
Erbsen, grün, Konserve gegart, abgetropft	200 g	5
Kichererbsen, getrocknet	55 g	19
Kichererbsen, gegart	110 g	9
Kidneybohnen, getrocknet	40 g	24
Linsen, getrocknet	45 g	23

Lebensmittel	10 g Protein sind enthalten in	Protein in g pro 100 g Lebensmittel
Linsen gegart	100 g	10
Weiße Bohnen, getrocknet	50 g	21
Weiße Bohnen, gegart	100 g	10
Eier		
Hühnerei, Gewichtsklasse M	85 g = 1,5 Stück	12
Hühnereigelb	65 g	16
Hühnereiweiß	90 g	11
Geflügel, Fleisch und Wurstwaren		
Hühnerbrustfilet, ohne Haut	40 g	24
Putenbrust	40 g	24
Hackfleisch, gemischt	55 g	19
Hackfleisch, Rind	50 g	21
Rinderfilet	45 g	22
Roastbeef, Lende	45 g	22
Schweinefilet	45 g	22

Lebensmittel	10 g Protein sind enthalten in	Protein in g pro 100 g Lebensmittel
Bündner Fleisch	25 g	38
Corned Beef	45 g	22
Geflügelsalami	35 g	29
Kalter Braten	50 g	21
Kasseler	45 g	22
Lachsschinken	55 g	18
Parmaschinken	40 g	27
Putenbrust	45 g	23
Salami, ital. Art	50 g	21
Schinken, gekocht	45 g	23
Schinken, roh, geräuchert	50 g	21
Rindfleischsülze	40 g	26
Fisch und Meeresfrüchte		
Forelle	45 g	23
Forellenfilet, geräuchert	45 g	23
Garnele, ausgelöst	55 g	19
Goldbarsch, Rotbarsch	50 g	21

Lebensmittel	10 g Protein sind enthalten in	Protein in g pro 100 g Lebensmittel
Hering	50 g	20
Bismarckhering	60 g	17
Kabeljau, Dorsch	50 g	20
Krabben	55 g	19
Jakobsmuschel, ausgelöst	100 g	10
Lachs	50 g	20
Lachs, geräuchert	50 g	21
Makrele, geräuchert	50 g	21
Matjesfilet, natur	70 g	14
Miesmuscheln, ausgelöst	90 g	11
Pangasius	65 g	15
Rotbarsch	50 g	20
Sardine	55 g	19
Scholle	60 g	17
Seelachs	55 g	19
Thunfisch	40 g	24
Thunfisch, in Wasser, abgetropft	45 g	23
Tintenfisch	55 g	18

Hülsenfrüchte: vom Arme-Leute-Essen zum Leckerbissen

Hülsenfrüchte sind eine wunderbare Proteinquelle und zählen in vielen Ländern zu den wichtigsten Grundnahrungsmitteln. Bei uns führten sie lange Zeit ein Schattendasein. Dank ihrer wertvollen Nährstoffe, ihrer Vielseitigkeit und ihrer Nachhaltigkeit feiern sie mittlerweile ein Comeback. Da sie als Suppen, Gemüse, Bratling, Salat, Brotaufstrich, als Knabberei, orientalisch oder mediterran zubereitet, kalt oder warm einfach wunderbar schmecken, sollten sie eigentlich in keinem Speiseplan fehlen. Probieren Sie die leckeren Rezepte mit Hülsenfrüchten und lassen Sie sich inspirieren.

Woher kommen Hülsenfrüchte?

Der Ursprung der Hülsenfrüchte liegt in den Ländern des Mittleren Ostens, Afrika, Asien und Mittel- und Südamerika. Es gibt weltweit ca. 730 verschiedene Gattungen und 20.000 verschiedene Arten. Erbsen wurden bereits ab etwa 8000 v. Chr. angebaut. Bei uns sind die bekanntesten Vertreter Linsen, Erbsen und Bohnen. Aber auch Kichererbsen, Sojabohnen, Lupinen und Erdnüsse gehören zur Familie.

Was macht sie so wertvoll?

Jede Menge Eiweiß und kaum Fett Kein anderes pflanzliches Lebensmittel liefert so viel Eiweiß wie Hülsenfrüchte. Im getrockneten Zustand enthalten sie 20–35 % Eiweiß; im verzehrfertigen ca. 5–10 % Eiweiß.

Sie liefern zwar nicht alle essenziellen (lebensnotwendigen) Eiweißbausteine, aber durch eine Kombination mit anderen Lebensmitteln erhöht sich der Wert des Proteins. Eine gute Möglichkeit ist beispielsweise die Kombination von Hülsenfrüchten mit Getreide, zum Beispiel ein Linseneintopf mit Brot.

Vitamine und Mineralstoffe Hülsenfrüchte sind reich an B-Vitaminen, wie Thiamin (Vitamin B_1), Riboflavin (Vitamin B_2) und Folsäure.
An Mineralstoffen enthalten sie insbesondere Eisen, Kalium und Magnesium.

Sekundäre Pflanzenstoffe Dies sind Substanzen, die von Pflanzen als Farbstoffe, Wachstumsregulatoren, Abwehrstoffe gegen Schädlinge und Krankheiten sowie Aroma- und Duftstoffe gebildet werden. Sie haben für den Menschen gesundheitsfördernde Wirkung. In den Hülsenfrüchten sind sog. Saponine, Phytosterole und Phytoöstrogene enthalten. Es wird vermutet, dass diese Stoffe eine krebshemmende, antibakterielle und cholesterinsenkende Wirkung haben.

Viele Ballaststoffe Hülsenfrüchte versorgen uns mit wichtigen Ballaststoffen. Diese brauchen wir für eine gute Verdauung. Ballaststoffe sind Nahrungsquelle für bestimmte gesundheitsförderliche Bakterien im Dickdarm, sie binden Wasser im Darm, erhöhen somit das Stuhlvolumen und beugen dadurch Verstopfungen vor.

Obacht – Harnsäure! Hülsenfrüchte enthalten sog. Purine, die im Körper zu Harnsäure abgebaut werden können. Menschen mit erhöhten Harnsäurewerten oder Gicht sollten deshalb die Hülsenfrüchte nicht zu häufig genießen.

Gut zu wissen

Lagerung In getrockneter Form sind Hülsenfrüchte jahrelang haltbar. Am besten werden sie dunkel, kühl und trocken in der Originalverpackung oder in einem gut verschlossenen Behälter aufbewahrt, da sie sonst Vitamine und Aroma verlieren.

Zubereitung Zunächst werden die Hülsenfrüchte verlesen und gewaschen. Beschädigte Hülsenfrüchte werden aussortiert, anschließend werden die Hülsenfrüchte in einem Sieb unter fließendem Wasser gewaschen und in reichlich kaltem Wasser eingeweicht. Die Einweichzeit ist unterschiedlich, am besten orientieren Sie sich an der angegebenen Zeit auf der Verpackung.

Das Einweichwasser wird dann abgegossen. Die Hülsenfrüchte werden nochmals mit kaltem Wasser kurz abgespült, in einem Topf mit reichlich frischem Wasser zum Kochen gebracht und unter leichtem Köcheln gegart. Kräuter können zum Kochen dazugegeben werden, um das Aroma zu intensivieren. Mit Salz würzen Sie erst nach dem Kochen.

Linsen

Sie gehören zu den ältesten Nutzpflanzen der Welt und stammen ursprünglich aus dem Orient. Es gibt eine Vielzahl von Linsensorten, wie braune Tellerlinsen, Berglinsen, Belugalinsen und rote Linsen. Allein in Indien gibt es 50 verschiedene Sorten. Sie enthalten etwa 23 g Eiweiß pro 100 g getrocknete Linsen und dabei nur 1,5 g Fett. Außerdem versorgen sie uns mit weiteren zahlreichen wichtigen Nährstoffen wie Kohlenhydraten, Ballaststoffen, Magnesium, Eisen, Zink, Kalium, Kupfer und Mangan. Linsen sind also wahre Power-Pakete. Sie schmecken leicht nussig und sind unter den Hülsenfrüchten die Alleskönner, da sie sehr vielseitig zu verwenden sind für leckere Gericht wie Eintöpfe, Salate, Brotaufstriche, Bratlinge und Cracker.

Bohnen

Bohnen wurden bereits in der Steinzeit gegessen und haben ihren Ursprung wahrscheinlich in den Anden. In Süd- und Mittelamerika gehören sie zu den Grundnahrungsmitteln. Kaum ein anderes Lebensmittel ist so vielseitig wie Bohnen; sie bestechen durch eine große Formen- und Farbenvielfalt. So gibt es frische grüne, rote, weiße und dicke Bohnen, Kidney- und Adzukibohnen, Mung- und Feuerbohnen. Für alle Bohnen gilt: unbedingt vorher kochen! Sie enthalten in rohem Zustand den Giftstoff Phasin, der Brechdurchfall und Entzündungen des Darms verursachen kann. Durch zehn- bis fünfzehnminütiges Kochen wird das Phasin zerstört. Bohnen sind ein sehr wertvolles Lebensmittel, sie enthalten reichlich Eiweiß, Kohlenhydrate sowie Ballaststoffe und kaum Fett. Zudem liefern sie Vitamin K und C, Magnesium, Kalzium, Kalium und Eisen. Die verschiedenen Sorten unterscheiden sich in ihrem Geschmack und ihrer Einweich- und Kochzeit. Hier orientieren Sie sich am besten an der angegebenen Zeit auf der Verpackung. Bohnen sind vielseitig zu verwenden, sie eigenen sich für Suppen, Eintöpfe, Salate, als Bratlinge, als Brotaufstrich, als Beilage und als perfekte Begleitung zu Fisch- und Fleischgerichten.

Erbsen

Erbsen gelten als eine der ältesten Kulturpflanzen überhaupt und wurden schon vor Christus in Asien gegessen. In China wurden sie bereits vor 4000 Jahren angebaut. Weltweit sind über 250 Sorten bekannt. Ob getrocknet oder frisch, die Erbsen sind von unserem Speiseplan nicht wegzudenken. Sie gehören zu den eiweißreichsten Gemüsearten, 100 g frische Erbsen enthalten 7 g Eiweiß, in 100 g getrockneten Erbsen finden sich 23 g Eiweiß. Erbsen enthalten zudem Kohlenhydrate, Ballaststoffe, Vitamin K und C, Folate, Vitamin E und Niacin. Alle Erbsensorten sind auch reich an Kalium, Eisen, Zink und Kupfer. Man unterscheidet Palerbsen, Zuckererbsen und Markerbsen. Palerbsen sind leicht mehlig und gut für Suppen geeignet, Die süßlichen Markerbsen sind meist als Tiefkühlware zu erhalten und schmecken toll als Püree, Bratlinge, Suppe, als Gemüsebeilage oder auch im Risotto. Die frischen Zuckererbsen haben ein besonders zartes Aroma. Durch die Zugabe von verschiedenen Kräutern wie Koriander, Minze oder Petersilie bekommen sie einen besonders feinen Geschmack.

Proteinwunder Hülsenfrüchte

Bohnen sind nicht nur köstlich, vielfältig einsetzbar und eiweißreich, sondern sie liefern auch Vitamin K und C, Magnesium, Kalzium, Kalium und Eisen.

Linsen sind die Alleskönner unter den Hülsenfrüchten. Sie bereichern Eintöpfe, Salate, Brotaufstriche, Bratlinge und Cracker.

Erbsen gehören zu den eiweißreichsten Gemüsearten, enthalten wichtige Vitamine und Ballaststoffe und sind einfach unwiderstehlich, wenn sie z. B. als frische Zuckererbsen daherkommen.

Kichererbsen kommen in orientalischen Ländern in vielen Gerichten vor. Sie sättigen wunderbar und sind sehr vielseitig. Lassen Sie sich von den Rezeptideen inspirieren.

Sojabohnen liefern nicht nur das Ausgangsmaterial für Tofu, sondern können auch Milchprodukte ersetzen und sind in der gesunden Küche auf vielerlei Weise einsetzbar.

Kichererbsen

Die Kichererbse ist eine sehr alte Kulturpflanze. Sie wird überwiegend im Orient angebaut und ist dort ein Grundnahrungsmittel. Auch in mediterranen Gerichten dürfen Kichererbsen nicht fehlen. Kichererbsen sind fettarm, dafür aber reich an Eiweiß und Ballaststoffen. Zudem liefern sie jede Menge wichtiger Nährstoffe wie Magnesium, Eisen, Zink, Kupfer, Vitamin D, Vitamin E und B-Vitamine. Sie haben einen leicht nussigen Geschmack und können für verschiedenste Gerichte wie Hummus, Salat und Falafel verwendet werden. In gerösteter Form sind sie eine tolle Knabberei. Kichererbsenmehl können Sie gut zum Backen verwenden und daraus leckere Cracker, Waffeln oder Pfannkuchen backen. Unbedingt probieren!

Sojabohnen

Die Sojabohne stammt aus Ostasien. Aufgrund ihres Eiweißgehaltes von ca. 35 % und des Fettgehalts von ca. 18 % gehört sie neben Weizen und Mais zu den wichtigsten Pflanzen der globalen Wirtschaft. Sojabohnen enthalten auch jede Menge wertvoller Vitamine und Mineralstoffe, wie Vitamin E, B-Vitamine, Kalium, Kalzium, Magnesium und Eisen. In den Sojabohnen sind zudem sekundäre Pflanzenstoffe, die sog. Isoflavone (Phytoöstrogene), enthalten. Es wird diskutiert, ob diese krebsvorbeugende und antioxidative Wirkungen haben. Sojabohnen eigenen sich besonders gut als Beilage oder für Eintopfgerichte. Sie können auch gut als Ersatz für Milchprodukte verwendet werden. Tofu, der aus der Weiterverarbeitung von Sojamilch entsteht, lässt sich vielseitig zubereiten. Aus Sojabohnen können Sie auch eine leckere Knabberei zaubern! Probieren Sie einmal die gerösteten Sojabohnen!

Fett – der Energielieferant!

Fett ist als Träger von Geschmacks- und Aromastoffen und Lieferant von essenziellen, also lebensnotwendigen Fettsäuren ebenfalls ein wichtiger Nährstoff. Zudem hilft Fett bei der Aufnahme der fettlöslichen Vitamine A, D, E und K. Da Fett aber auch ein guter Energielieferant ist, hat es unter den Nährstoffen nicht den allerbesten Ruf – zu Unrecht!

Entscheidend ist vor allem die Zusammensetzung und somit die Qualität des Fettes. Allerdings kann man aufgrund vieler verschiedener Begriffe schnell einmal den Überblick verlieren.

Gesättigt oder ungesättigt? Fettsäuren können nach ihrem Aufbau in gesättigte, einfach ungesättigte und mehrfach ungesättigte Fettsäuren unterteilt werden. Welche Fette sind denn nun günstig?

Gesättigte Fette sind überwiegend in tierischen Lebensmitteln wie Fleisch- und Wurstwaren, Schweineschmalz, Käse und Sahne aber auch in Kokosfett zu finden. Gesättigte Fettsäuren können das schlechte LDL-Cholesterin und auch das Gesamt-Cholesterin erhöhen.

Einfach ungesättigte Fettsäuren hingegen können unsere Gesundheit positiv beeinflussen. Die beste Quelle für diese Fettsäuren ist das Olivenöl, auch Rapsöl hat einen nennenswerten Gehalt. Diese beiden Öle sollten in Ihrer Küche nicht fehlen.

Omega-3-Fettsäuren gehören zu den sog. mehrfach ungesättigten Fettsäuren, sind wahre Tausendsassas und haben jede Menge positiver Effekte im Organismus. Sie sind ein Schutzfaktor gegen Herz-Kreislauf-Erkrankungen, wirken entzündungshemmend und beeinflussen das Immunsystem. Gute Quellen hierfür sind: Hering, Makrele oder Lachs, Raps-, Walnuss-, Soja- und Leinöl. Auch diese Lebensmittel sollten regelmäßig auf Ihrem Speiseplan stehen, Fisch am besten einmal pro Woche.

Kohlenhydrate – besser als ihr Ruf

Kohlenhydrate sind nicht unumstritten, sie gelten als Dickmacher; in Wirklichkeit sind sie aber eine wichtige Energiequelle und erfüllen im Körper bedeutende Funktionen. Auch hier lohnt es sich, genauer hinzuschauen, denn es kommt darauf an, welche und in welchen Mengen Kohlenhydrate gegessen werden.

Einfach-, Zweifach-, Mehrfachzucker

Kohlenhydrate können ebenso wie Fette nochmals nach ihrem Aufbau unterteilt werden.

- Einfachzucker: Die beiden wichtigsten Vertreter sind Traubenzucker (Glucose) und Fruchtzucker (Fructose).
- Zweifachzucker: Am bekanntesten ist sicherlich der Haushaltszucker (Saccharose). Auch Milchzucker (Lactose) und Malzzucker (Maltose) zählen dazu.
- Mehrfachzucker: Hierzu gehören Stärke und einige Ballaststoffe.

Problematisch für Sie ist sicherlich der Zucker in reiner Form, wie beispielsweise in Obstsaft, Limonaden, Smoothies, Süßigkeiten oder auch Trockenobst. Damit bekommen Sie meist jede Menge leerer Kalorien. Zudem kann der reine Zucker zu einem Dumping-Syndrom (Seite 35) führen.

Gut geeignet sind Lebensmittel, die Stärke und gleichzeitig Ballaststoffe enthalten. Diese Lebensmittel liefern Ihnen jede Menge Vitamine, Mineralstoffe und sekundäre Pflanzenstoffe. Die wichtigsten Quellen hierfür sind: Vollkornprodukte (z. B. Vollkornbrot, Haferflocken, Reis, Vollkorn-Teigwaren), Obst, Gemüse, Hülsenfrüchte und Kartoffeln. Kohlenhydrate in dieser Form können Sie in kleinen Portionen essen.

Eine gesunde langfristige Ernährung nach der Adipositas-OP bedeutet für Sie eine Mischung aus pflanzlichen und tierischen Lebensmitteln. Der wichtigste Nährstoff für Sie ist das Protein. Doch auch Fett und Kohlenhydrate gehören – in der richtigen Qualität – dazu.

Mahlzeiten und Portionsgrößen

Wie viele Mahlzeiten essen Sie momentan täglich? Sind es 4–6 Mahlzeiten? Weniger als 4? Das ist sicherlich zu wenig. Empfohlen werden 4–6 kleine Mahlzeiten, also 3 Hauptmahlzeiten und 1–3 kleine Snacks. Die Anzahl der Mahlzeiten hängt natürlich auch von Ihren Lebensumständen ab. Wenn Sie im Schichtdienst arbeiten oder sich viel bewegen, dann werden Sie 5–6 kleine Mahlzeiten brauchen, sonst wird es zu wenig für Sie. Achten Sie immer auf eine gute Zusammensetzung und essen Sie das Protein zuerst – das kennen Sie noch aus der Schulung direkt nach der OP: 3 Gabeln von der Proteinquelle essen, 1 Gabel von Gemüse und Kohlenhydrate. So bekommen Sie genügend Protein. Und bitte essen Sie nicht zu wenig – Sie brauchen das Protein und die Energie.

Die Portionsgrößen direkt nach der OP waren recht überschaubar. Empfohlen wurde nach der OP eine Portionsgröße mit einem Volumen von 150 ml, was der Menge eines kleinen Joghurtbechers entspricht. Die Portionsgrößen werden im Laufe der Zeit größer, ein halbes Jahr nach der OP können Sie beispielsweise zum Frühstück ½–1 Vollkornbrötchen (30–60 g), mit etwas Butter und 1 Scheibe Käse (30 g) oder 1 Scheibe gekochten Schinken und 2 Scheiben Gurke essen.

Oft wird die Menge von 150 ml Volumen mit der Menge von 150 g gleichgesetzt. Das wird nicht immer funktionieren. Stellen Sie sich einmal eine Packung Feldsalat vor – das sind meistens 150 g – aber können Sie diese Menge essen? Es ist vermutlich besser, wenn Sie sich am Volumen orientieren. Nach etwa 6 Monaten werden Sie eine Portion von 150–200 ml essen können. Sie können sich zu Hause eine kleine Dessertschüssel mit diesem Volumen immer als Maß bereitstellen, dann ist die Einschätzung der Menge einfacher für Sie.

Bitte essen Sie immer noch langsam, nehmen Sie sich Zeit, kauen Sie gut und hören Sie beim ersten Anzeichen einer Sättigung auf.

Vitamine und Mineralstoffe

Die regelmäßige Einnahme von Vitaminen und Mineralstoffen wird Sie ein Leben lang begleiten. Vermutlich haben Sie nach der OP schon diverse Präparate in verschiedenen Darreichungsformen ausprobiert und haben mittlerweile Supplemente gefunden, die Sie gut einnehmen und vertragen können.

Das Risiko, einen Mangel zu entwickeln, ist besonders bei folgenden Nährstoffen gegeben

- Thiamin (Vitamin B_1)
- Vitamin B_{12}
- Folaten
- Vitamin D und Calcium
- Eisen
- Zink
- Kupfer

Thiamin (Vitamin B_1)

Thiamin ist wichtig für den Stoffwechsel der Kohlenhydrate und die Energiegewinnung. Anzeichen für einen Mangel sind Müdigkeit, Appetitlosigkeit, Muskelschwäche und Gangunsicherheit. In schweren Fällen tritt die Erkrankung Beriberi auf. Reich an Thiamin sind: Weizenkeime, Sonnenblumenkerne, Muskelfleisch (besonders Schweinefleisch), Vollkornprodukte, Haferflocken und Hülsenfrüchte.

Nach der OP brauchen Sie 200 % der empfohlenen täglichen Zufuhr. Diese Menge ist im Multivitamin enthalten.

Vitamin B_{12} (Cobalamin)

Dieses Vitamin ist bedeutsam für die Blutbildung, den Aufbau der DNA und die Nervenfasern. Vitamin B_{12} wird an den in der Magenschleimhaut gebildeten Intrinsic Factor gebunden und in den Dünndarm transportiert. Dort erfolgt die Aufnahme ins Blut.
Im Körper gibt es einen großen Vitamin-B_{12}-Speicher, weshalb ein Mangel nicht sofort zu erkennen ist. Anzeichen sind: Blutarmut, Blässe und Müdigkeit, Schädigungen am Nervensystem, die sich durch Gangunsicherheit, Verwirrtheit und Konzentrationsstörungen zeigen können. Vitamin B_{12} kommt fast nur in tierischen Lebensmitteln vor, gute Lieferanten sind: Leber, Fleisch, Fisch, Eier und Käse und pflanzliche Lebensmittel, die unter Einwirkung bestimmter Bakterien hergestellt werden, wie beispielsweise Sauerkraut.

Nach der OP wird folgende Supplementation empfohlen

- 1000 µg/Monat in Form einer Spritze (subkutan oder intramuskulär) oder
- 350–500 µg/Tag sublingual als Tablette (löst sich unter der Zunge auf, Vitamin B_{12} kann über die Mundschleimhaut aufgenommen) oder
- 500 µg/Tag als Spray

Folat

Folate sind natürliche Verbindungen. Folsäure hingegen wird synthetisch hergestellt und Lebensmitteln und Vitaminpräparaten zugesetzt. Folate sind bedeutsam für die Teilung und Neubildung von Körperzellen und somit für den gesamten Entwicklungs- und Wachstumsprozess. Mangelerscheinungen sind Veränderungen des Blutbilds, Müdigkeit, Konzentrationsstörungen, Reizbarkeit, Appetitlosigkeit und Blutarmut. In der Schwangerschaft ist Folat besonders wichtig. Ein Mangel kann zur Entwicklung eines Neuralrohrdefektes (»offener Rücken«) führen. Gute Folat-Lieferanten sind: grünes Gemüse, besonders Blattgemüse wie Spinat und Salate, Tomaten, Hülsenfrüchte, Weizenkeime, Orangen, Vollkornprodukte, Kartoffeln, Leber und Eier.

Nach der OP sollten Sie 400–800 µg/Tag einnehmen. Diese Menge ist in den meisten Multivitaminen enthalten. Frauen, die schwanger werden wollen oder könnten, sollten 800–1000 µg/Tag einnehmen.

Vitamin D

Vitamin D ist unentbehrlich für den Knochenstoffwechsel und sorgt für den Einbau von Kalzium in die Knochen. Zudem ist es wichtig für das Immunsystem. Vitamin D gehört zu den fettlöslichen Vitaminen. Es nimmt unter den Vitaminen eine Sonderstellung ein, da es sowohl über das Essen aufgenommen als auch durch Sonneneinstrahlung in der Haut selbst gebildet werden kann. Im Alter nimmt diese Fähigkeit jedoch ab. Ein Mangel entsteht vor allem durch zu wenig Kontakt mit Sonnenlicht durch wenig Aufenthalt an der frischen Luft z. B. wegen eingeschränkter Mobilität, konsequente Benutzung von Sonnencreme, vollständige Bedeckung der Haut mit Kleidung.

Ein Mangel verursacht einen gestörten Knochenaufbau und eine Knochenerweichung. Folgen sind Knochenschmerzen und ein erhöhtes Bruchrisiko für Arme und Beine. Im Alter kann eine Osteoporose auftreten. Vitamin D ist meist nur in geringen Mengen in Lebensmitteln enthalten und wenn, dann überwiegend in tierischen Lebensmitteln. Einige Fischarten wie Hering, Lachs und Sardinen liefern nennenswerte Mengen an Vitamin D. Die normale Durchschnittskost versorgt den Menschen somit nicht ausreichend mit Vitamin D.

Nach der OP brauchen Sie täglich 3000 IE Vitamin D. Um einen Mangel auszugleichen, benötigen Sie zwischen 3000–6000 IE pro Tag oder 50.000 IE 1–3 × pro Woche. Je nach Laborwert muss die Vitamin-D-Supplementation angepasst werden. Bitte besprechen Sie dies in Ihrem Adipositas-Zentrum.

Kalzium

Kalzium ist wichtig für den Aufbau und Erhalt von Knochen und Zähnen. Es ist zudem an der Blutgerinnung, der Stabilisierung von Zellwänden sowie der Erregungsleitung in Muskel- und Nervenfasern beteiligt. Anzeichen für einen Mangel sind Muskelkrämpfe und Muskelzittern. Langfristig kann es zu einer Demineralisierung des Knochens und zu Osteoporose kommen.

Kalzium ist vor allem in Milch und -produkten enthalten. Weitere gute Quellen sind kalziumreiche Mineralwässer (mindestens 150 mg pro Liter), einige Gemüsearten wie Grünkohl, Brokkoli und Porree sowie Nüsse, besonders Mandeln und Haselnüsse. Voraussetzung für die Kalziumaufnahme ist eine ausreichende Versorgung mit Vitamin D.

Nach der OP werden folgende Mengen empfohlen

- Schlauchmagen, Magenbypass und Mini-Gastric-Bypass (MGB): 1200–1500 mg/Tag
- Biliopankreatische Diversion (BPD) und Biliopankreatische Diversion mit Duodenalswitch (BPD-DS): 1800–2400 mg/Tag

Am besten teilen Sie Kalzium in Portionen auf. Nehmen Sie je Portion nicht mehr als 500 mg, dann können Sie es besser aufnehmen. Kalziumcarbonat sollten Sie zum Essen einnehmen. Kalziumcitrat hingegen können Sie zum Essen oder auch zwischen den Mahlzeiten einnehmen. Achten Sie bitte auch darauf, dass Sie Kalzium nicht mit Eisen oder dem Multivitamin (enthält meist auch Eisen) einnehmen, da Kalzium die Eisenaufnahme beeinträchtigt. Hier sollte ein Abstand von 2 Stunden eingehalten werden.

Eisen

Eisen ist Bestandteil des roten Blutfarbstoffs und somit am Transport von Sauerstoff im Blut beteiligt. Zudem wird Eisen für die Sauerstoffspeicherung in der Muskulatur und für die Regulation vieler Stoffwechselvorgänge benötigt. Anzeichen eines Eisenmangels sind Müdigkeit, Abgeschlagenheit, Erschöpfung, Eisenmangelanämie und Blutarmut.

Eisen ist in tierischen und pflanzlichen Lebensmitteln enthalten. Gute Lieferanten sind Fleisch und Fleischprodukte, Innereien, grünes Blattgemüse wie Spinat, Vollkornprodukte und Hülsenfrüchte. Aus tierischen Lebensmitteln kann der Körper Eisen besser aufnehmen als aus pflanzlichen Produkten. Die Aufnahme aus pflanzlichen Lebensmitteln kann aber durch Vitamin C (also durch Vitamin-C-reiche Lebensmittel wie z. B. Zitrone oder Paprika) erhöht werden.

Nach der OP wird Ihnen folgende Eisenmenge empfohlen: bei Schlauchmagen mind. 18 mg Eisen pro Tag, bei allen anderen OPs mind. 45–60 mg Eisen pro Tag (inkl. des Eisengehaltes im Multivitamin). Denken Sie daran, Eisen nicht zusammen mit Kalzium einzunehmen, hier sollte ein Zeitabstand von 2 Stunden sein.

Folgende Supplemente benötigen Sie, um gut versorgt zu sein

Multivitamin- und Mineralstoffpräparat

- Gibt es als Kautabletten, Kapseln, Streupulver, Tabletten und Brausetabletten (unbedingt aussprudeln lassen).
- Sollte alle Vitamine in 100–200 % der empfohlenen täglichen Zufuhr und Mineralstoffe enthalten.
- Achten Sie darauf, dass Folsäure, alle B-Vitamine, Eisen, Zink, Kupfer und Selen darin sind.

Kalzium

- In Form von Kautabletten, Tabletten, Kapseln, Sticks, Brausetabletten (unbedingt aussprudeln lassen) erhältlich.
- Kalzium auf Portionen von jeweils nicht mehr als 500 mg aufteilen, dann wird es besser aufgenommen.
- Kalziumcarbonat sollten Sie zum Essen einnehmen.
- Kalziumcitrat können Sie zum Essen oder zwischen den Mahlzeiten einnehmen.
- Kalzium nicht mit Eisen oder dem Multivitamin (enthält meist auch Eisen) einnehmen, hier sollte ein Zeitabstand von 2 Stunden sein.

Vitamin D

- Gibt es in unterschiedlichen Darreichungsformen: Tabletten, Kautabletten, Lutschtabletten, Weichkapseln, Tropfen.
- Empfohlen werden 3000 IE pro Tag. Je nach Laborwert muss die Supplementation angepasst werden.

Vitamin B_{12}

- Als Injektion, Kautabletten, Lutschtabletten oder Spray
- Empfohlen werden:
  - 1000 µg/Monat in Form einer Spritze (subkutan oder intramuskulär) oder
  - 350–500 µg/Tag sublingual als Tablette (löst sich unter der Zunge auf, B_{12} wird über die Mundschleimhaut aufgenommen) oder
  - 500 µg/Tag als Spray.

Eisen

- Ist erhältlich als: Brausetabletten (unbedingt aussprudeln lassen), Kapseln, Kautabletten, Sticks, Tabletten, Präparat zum Trinken. Sollte das Eisen im Multivitamin nicht ausreichen, dann noch ergänzen.

Zink

Zink ist wichtig für den Kohlenhydrat-, Protein- und Fettstoffwechsel und zudem für die Zellteilung und das Immunsystem von Bedeutung. Auch einige Hormone wie Insulin und das Wachstumshormon benötigen Zink. Es stimuliert das Immunsystem und ist Bestandteil des antioxidativen Schutzsystems. Der Mensch hat kaum Zinkspeicher, ein leichter Zinkmangel kann relativ rasch auftreten. Ein Mangel macht sich bemerkbar durch: Hautentzündungen, Haarausfall, Wundheilungsstörungen, erhöhte Infektanfälligkeit, vermindertes Geschmacksempfinden, Appetitlosigkeit und Wachstumsstörungen.

Gute Zinkquellen sind Innereien, Fleisch, Milchprodukte, besonders Käse, Eier, Vollkornprodukte, Hülsenfrüchte und Nüsse. Aus tierischen Lebensmitteln kann Zink besser aufgenommen werden als aus pflanzlichen Nahrungsmitteln. Die gleichzeitige Aufnahme von Kalzium und Eisen kann die Aufnahme beeinträchtigen.

Welche Menge sollten Sie nach der OP einnehmen?

- Schlauchmagen: 100 % der empfohlenen täglichen Zufuhr, im Multivitamin enthalten.
- Magenbypass und MGB: 100–200 % der empfohlenen täglichen Zufuhr im Multivitamin enthalten
- BPD und BPD-DS: 200 % der empfohlenen täglichen Zufuhr, im Multivitamin enthalten.

Kupfer

Kupfer ist wichtig für den Eisenstoffwechsel, es schützt vor freien Radikalen, ist am Nervensystem beteiligt, unterstützt die Kollagenbildung und ist an der Farbgebung von Augen, Haar und Haut beteiligt. Anzeichen für einen Kupfermangel sind: Blutarmut, Immunschwäche, verminderte Färbung von Haut und Haaren. Gute Kupferquellen sind: Getreideprodukte, Fische, Schalentiere, Nüsse, Kakao, Schokolade, Kaffee, Tee und einige grüne Gemüse.

Nach der OP wird Ihnen folgende Supplementation empfohlen

- Schlauchmagen: 100 % der empfohlenen täglichen Zufuhr, im Multivitamin enthalten.
- Magenbypass, MGB, BPD und BPD-DS: 200 % der empfohlenen täglichen Zufuhr, im Multivitamin enthalten.

Multivitaminpräparate: Was noch wichtig ist

Es gibt eine Vielzahl unterschiedlichster Multivitaminpräparate und es ist nicht leicht, in dieser Vielfalt den Überblick zu bewahren. Die Präparate sind sehr verschiedenen zusammengesetzt, nehmen Sie sich bitte Zeit und schauen Sie genau auf die Inhalte. Wenn Sie ein neues Präparat ausprobieren wollen und sich nicht sicher sind, dann fragen Sie in Ihrem Adipositas-Zentrum nach.

Es gibt drei Spezialanbieter für Supplemente nach der Adipositas-OP. Die Multivitamine dieser Anbieter (fitforme, Celebrate, Bariatric Advantage) sind hochdosiert. Meist reicht es aus, das Multivitamin zu verwenden (enthält gleichzeitig Vitamin D, Eisen und Vitamin B_{12} in ausreichenden Mengen) und zusätzlich Kalzium einzunehmen.

Mangelerscheinungen müssen nicht auftreten, Sie können sie wunderbar vermeiden:

- Nehmen Sie regelmäßig die empfohlenen Vitamine und Mineralstoffe in der richtigen Menge ein.
- Gehen Sie regelmäßig zur Nachsorge und besprechen Sie dort die Einnahme der Supplemente.
- Lassen Sie die Vitamine und Mineralstoffe regelmäßig bei Blutuntersuchungen kontrollieren und besprechen Sie diese Werte in Ihrem Adipositas-Zentrum.
- Und nicht vergessen! Viel hilft nicht unbedingt viel! Nehmen Sie nicht wahllos Vitamine und Mineralstoffe ein.

Essen unterwegs

Kennen Sie diese Situationen? Sie haben Mittagspause und Ihr Essen leider zu Hause vergessen. Weit und breit keine Kantine, in der Sie Ihr Essen auswählen könnten, dafür einige Anbieter von Fast Food. Oder Sie machen spontan einen Ausflug, der etwas länger dauert als geplant. Der kleine Hunger meldet sich unterwegs, Sie haben aber nichts zu essen dabei – und nun?

Fast Food ist eine tolle Verführung, es schmeckt, macht satt und gibt uns im Moment des Essens ein gutes Gefühl. Das klassische Fast Food ist leider nicht immer so günstig in der Zusammensetzung. Es gibt zwar auch Anbieter für gesünderes Fast Food, aber die sind nicht überall zu finden.

Somit ist die einfachste und beste Lösung eigentlich: selbst machen. Dann können Sie auch immer auf ausreichend Protein achten. Bereiten Sie etwas vor und nehmen Sie Ihr Essen mit zur Arbeit oder zum Ausflug.

Nehmen Sie sich einfach selbst gemachte Kleinigkeiten mit

Allerdings muss das gerade im Alltag leicht vorzubereiten sein und schnell gehen. Hier ein paar Tipps:

- Bereiten Sie einen leckeren Dip aus Quark zu und schneiden Sie sich Gemüsesticks dazu. Holen Sie sich Anregungen dazu unter Aufstriche und Dips (Seite 112).
- Machen Sie sich am Vorabend einen Salat aus den gut sättigenden Hülsenfrüchten wie Kidneybohnen, bereiten Sie eine größere Menge vor und nehmen Sie eine Portion mit als Mittagessen.
- Lassen Sie sich von den Rezepten »Leckeres zum Mitnehmen zur Arbeit« (Seite 90) inspirieren. Beim »Lunch im Glas«, nehmen Sie einfach einen Nudelsalat, Kartoffelsalat oder einen anderen der dort vorgestellten Salate im Schraubglas mit zur Arbeit. Diese sind schnell vorzubereiten und können wunderbar am nächsten Tag mitgenommen werden.
- Machen Sie am Vorabend tolle Linsenbratlinge (Seite 98) und nehmen Sie diese am nächsten Tag mit. Auch Frikadellen schmecken gut als kaltes Mittagessen.
- Kochen Sie sich am Vorabend eine leckere Suppe und wärmen Sie diese am nächsten Tag in der Mittagspause auf.
- Backen Sie Muffins wie süße Quarkmuffins oder herzhafte mit Speck und Käse – diese können Sie am nächsten Tag zur Arbeit mitnehmen, sie schmecken auch kalt.
- Gut vorzubereiten sind auch leckere Quarkwaffeln.
- Für Ausflüge bieten sich Cracker als Snack an. Rezeptideen finden Sie unter Knabbereien (Seite 124). Die dort beschriebenen knusprigen Leckereien sind einfach vorzubereiten und können gut aufbewahrt und mitgenommen werden.
- Weitere Anregungen finden Sie unter Snacks für unterwegs (Seite 28).

Marmeladegläser zum Transport
Alte, ausgespülte Marmeladegläser eigenen sich gut zum Transport, da sie meist sehr gut schließen. Darin können Sie selbstgemachte Dips, kalte Gemüsesuppen, Joghurt mit Beeren, Caprese oder Salate transportieren.

Frisches bei Wärme Bei steigenden Temperaturen eignen sich Gemüsesticks, Caprese, ein leckerer Linsensalat, Quark oder Joghurt zum Mitnehmen. Praktisch ist eine kleine Kühltasche, in der Sie die Lebensmittel gut transportieren können.

Nicht mitnehmen sollten Sie Sushi, Mettbrötchen und Lebensmittel, die rohen Fisch, rohes Fleisch oder rohes Ei enthalten. Diese Lebensmittel bleiben besser zu Hause. Sie sind ungekühlt anfällig für Salmonellen, die Infektionen auslösen können.

Trinken nicht vergessen

Ausreichendes Trinken ist lebensnotwendig. Wasser hat im Körper wichtige Funktionen zu erfüllen: Es transportiert Nährstoffe, reguliert die Körpertemperatur und ist Bestandteil von Zellen und Körperflüssigkeiten. Deshalb müssen wir regelmäßig und ausreichend trinken. Anzeichen für zu wenig Flüssigkeit sind Kopfweh, Müdigkeit und Konzentrationsschwierigkeiten. Kennen Sie das?

Bitte trinken Sie regelmäßig, damit diese Warnsignale erst gar nicht auftreten. Wenn Sie erst trinken, wenn Sie Durst haben, dann warten Sie zu lange. Pro Tag sollten Sie ca. 1,5–2 l schluckweise trinken. Bei Hitze und Bewegung müssen Sie diese Menge anpassen. Bitte achten Sie nach wie vor darauf, keine Getränke mit Kohlensäure und/oder Zucker zu trinken. Und bitte trennen Sie nach wie vor Essen und Trinken.

Gute Durstlöscher sind stilles Mineralwasser sowie Früchte- und Kräutertees ohne Zucker. Stilles Mineralwasser schmeckt allerdings nicht jedem. Es aber gibt tolle Ideen, wie Sie Ihr Wasser aufpeppen können. So können Sie ein paar Spritzer Zitronen- oder Limettensaft zur Erfrischung zugeben. Auch Kräuter wie Minze oder Zitronenmelisse geben Ihrem Wasser einen angenehmen Geschmack. Lassen Sie sich von den Getränkeideen (ab Seite 134) inspirieren. Es gibt spezielle Trinkflaschen mit Obsteinsatz. Diese können Sie zu Hause gut vorbereiten, in den Kühlschrank stellen und einpacken, bevor Sie das Haus verlassen.

Auch Früchte- und Kräutertees können Sie gut mit Zitrone, Limette, Kräutern oder Früchten verfeinern. Die Tees schmecken warm, sind aber auch kalt ein hervorragender Durstlöscher.

Kaffee und Tee – welche Menge?

Zählt Kaffee nun zur Flüssigkeitsmenge oder nicht? Sie können Kaffee und schwarzen/grünen Tee zur Flüssigkeitsmenge dazurechnen. Das heißt aber nicht, dass Sie täglich 1,5 l Kaffee trinken sollen. Kaffee und Tee sind zuallererst Genussmittel und keine Durstlöscher.

Hier noch ein paar Tipps, die Ihnen helfen sollen, ausreichend zu trinken:

- Schreiben Sie ein Trinkprotokoll. So finden Sie heraus, ob Sie genügend trinken.
- Nehmen Sie immer etwas mit, wenn Sie unterwegs sind.
- Stellen Sie sich zu Hause oder bei der Arbeit ein Glas in Sichtweite.
- Es gibt Trink-Apps, die Sie daran erinnern, genügend zu trinken.

Snacks für unterwegs

Kann schon abends vorbereitet werden

Caprese im Glas

Für 1 Portion • gut vorzubereiten
⏲ 10 Min.

60 g Cocktailtomaten • 6–8 Basilikumblätter • 80 g Mini-Mozzarella-Kugeln • 20 g schwarze Oliven • 1 EL Olivenöl • Salz • Pfeffer

- Cocktailtomaten waschen und halbieren. Basilikumblätter waschen und trocken tupfen.

- Mozzarella, Tomaten, Oliven und Basilikum vermischen. Olivenöl hinzufügen und mit Salz und Pfeffer abschmecken.

- In ein Glas mit Schraubdeckel füllen und kühl stellen.

Nährwerte pro Portion
340 kcal • 15 g E • 29 g F • 4 g KH

Die können Sie überall dabei haben

Linsen-Cracker

Für 8 Portionen • gut vorzubereiten
⏲ 10 Min. + 10 Min. Ruhezeit + 20–25 Min. Backzeit (je Blech)

200 g rotes Linsenmehl • 1 TL Salz • 80 ml Wasser • 2 EL Olivenöl • 1 EL Thymian, frisch (oder ½ EL Thymian, getrocknet)

- Linsenmehl mit Salz vermischen, Wasser, Öl und Thymian zugeben. Masse zu einem glatten Teig verarbeiten und 10 Min. ruhen lassen.

- Backofen auf 180 Grad vorheizen. Teig auf einer bemehlten Arbeitsfläche ausrollen und mit einem Teigroller in Rauten schneiden.

- Cracker auf ein mit Backpapier belegte Backblech legen und im Ofen 15–20 Min. knusprig backen. Die Teigmenge ergibt 2 Backbleche.

Nährwerte pro Portion (ca. 25 g)
105 kcal • 6 g E • 3 g F • 13 g KH

Schmecken warm und kalt

Zucchini-Bratlinge

Für 6 Stück • gut vorzubereiten
30 Min.

125 g Mozzarella • 150 g Zucchini • 1 kleine Zwiebel • 1 Knoblauchzehe • 1 TL Rapsöl • 75 g Semmelbrösel • 2 Eier • Salz • Pfeffer • 1 EL Rapsöl

- Mozzarella klein würfeln. Zucchini waschen und reiben. Zwiebel und Knoblauchzehe schälen, fein hacken und im Öl glasig dünsten. Alles vermischen.

- Semmelbrösel und Eier untermengen, mit Salz und Pfeffer würzen und aus der Masse 6 Bratlinge formen und im Öl von jeder Seite anbraten.

Nährwerte pro Stück
165 kcal • 8 g E • 10 g F • 11 g KH

Genuss gehört dazu

» Essen ist ein Bedürfnis, Genießen ist eine Kunst. «

François de La Rochefoucauld

Woran denken Sie, wenn Sie das Wort »Genuss« hören? Was kommt Ihnen spontan in den Sinn? Genießen zu können, erhöht die Lebensqualität und macht glücklich. Aber jeder Mensch wird etwas anderes nennen, wenn er Genuss oder Genussmomente beschreiben soll.

Genuss ist mit positiven Gefühlen, wie Freude, Wohlbefinden, Entspannung, Lachen, Glücksmomenten und vielem mehr gleichzusetzen. Genuss ist allerdings nicht immer so einfach – oft sind wir mit vielen anderen Herausforderungen des Alltags wie Zeitdruck, Leistungsdruck am Arbeitsplatz, Familie, Kinder und Haushalt so beschäftigt, das wir gar nicht mehr richtig genießen können. Genuss tut jedoch der Seele gut und kann uns vor negativen Auswirkungen von Stress schützen.

Genießen kann man lernen

Viele Menschen haben in ihrem stressigen Alltag das Genießen verlernt. Anderen hingegen fällt das Genießen aufgrund ihrer Lebensgeschichte schwer, da sie es nie wirklich gelernt haben. Genießen mit allen Sinnen kann man lernen, wichtige Voraussetzungen hierfür sind: Achtsamkeit, Zeit und das Wahrnehmen von Bedürfnissen und Gefühlen. Erleben Sie den Genuss im Hier und Jetzt, ob für ein paar Minuten oder ein paar Sekunden und seien Sie nicht mit den Gedanken schon wieder in der Zukunft.

Stellen Sie sich einmal folgende Fragen

- Was brauche ich in diesem Moment?
- Was tut mir gut?
- Was würde mir Genuss bereiten?
- Was macht mich zufrieden?

Haben Sie Ihre Antwort gefunden? Dann erlauben Sie sich auch, entsprechend zu handeln.

Mit allen Sinnen genießen

Mit unseren Sinnen können wir sehen, hören, tasten, riechen und schmecken. Meist ist es ein Zusammenspiel aller Sinne, das den Genuss ermöglicht. In Bezug auf das Essen können die Sinne aktiviert und trainiert werden.

Das Sehen

Der erste Blick ist entscheidend, auch beim Essen. Beim Einkaufen von beispielsweise Obst und Gemüse schauen wir meist genau hin und erforschen die Farbe und den Frischegrad. Gestalten Sie Ihr Essen in bunten Farben und richten Sie es appetitlich an.

Das Hören

In Bezug auf das Essen kann das Hören sehr vielfältig sein: Der Biss in ein frisches Brötchen, das Brutzeln in der Pfanne – das sind Geräusche, die uns ein wohliges Gefühl vermitteln können. Vermeiden Sie störenden Lärm beim Essen, Ihr Ohr wird zu sehr abgelenkt.

Das Tasten

Über die Haut können wir verschiedene Wahrnehmungen aufnehmen. Die Hände werden für das Ertasten der Umwelt, z.B. beim Einkauf von Obst und Gemüse genutzt. Beim Essen können wir über die Zunge und die Mundschleimhaut unterschiedliche Konsistenzen wie porös, rau, zart, schmelzend, flüssig erkennen.

Das Riechen

Ein bestimmter Geruch kann eine bestimmte Emotion hervorrufen (z.B. Parfum erinnert an einen lieben Menschen). Beim Essen werden Aromastoffe freigesetzt, die zur Riechschleimhaut gelangen und ebenfalls eine bestimmte Emotion auslösen können.

Das Schmecken

Wir haben vier Geschmacksqualitäten: süß, sauer, bitter und salzig. Erforschen Sie diese einmal. Legen Sie das Besteck zur Seite, essen Sie langsam und nehmen Sie sich Zeit zum Schmecken und Kauen.

Anleitung zum Genießen

Die Fähigkeit, richtig zu genießen, ist jedoch nicht selbstverständlich. Um das Genießen besser lernen zu können, entwickelte der Psychologe und Genussforscher Rainer Lutz sieben Genussregeln, die Ihnen nachfolgend vorgestellt und sinngemäß näher erläutert werden sollen.

1. Genuss braucht Zeit Nehmen Sie sich Zeit zum Genießen. Um genießen zu können, müssen Sie sich Pausen schaffen und sich bewusst Zeit nehmen für Ihre Genussmomente.

2. Genuss muss erlaubt sein Nicht jeder Mensch hat gelernt, genießen zu dürfen! Eine Erziehung oder Lebensgeschichte, die den Genuss verbietet, kann dazu führen, dass Menschen Genussbereiche verschlossen bleiben. Diese »Verbote« können aber aufgehoben werden – gönnen Sie sich Genusserlebnisse!

3. Genießen geht nicht nebenbei
Genuss braucht Ihre volle Aufmerksamkeit und kann nicht neben anderen Aktivitäten erlebt werden. Gleichzeitiges essen und fernsehen oder am PC arbeiten schmälert das Genusserlebnis.

4. Weniger ist mehr Bei einem Überangebot ist Genuss nicht mehr möglich, Quantität schlägt nicht in Qualität um. Jedes Lieblingsessen verliert seinen Reiz, wenn es jeden Tag gegessen wird.

5. Genuss: aussuchen, was einem guttut Menschen haben verschiedene Vorlieben und Abneigungen, die sich auch im Laufe des Lebens verändern können. Bestimmen Sie selbst, was Sie genießen!

6. Ohne Erfahrung kein Genuss
Genuss will erlernt sein. Wenn Sie Ihre Vorlieben kennen und klar benennen können, so ist der Genuss leichter möglich. Schmecken Sie beispielsweise die feinen Unterschiede von verschieden geröstetem Kaffee, so erschließen Sie sich neue Genussbereiche.

7. Genuss ist alltäglich Um zu genießen, bedarf es keiner besonderen Situationen. Im Gegenteil, Genuss sollte ein Bestandteil Ihres Alltags sein. Warten Sie nicht auf einen besonderen Moment, sondern genießen Sie im Hier und Jetzt!

Genussmomente

Nehmen Sie sich Zeit, überlegen Sie, was Ihnen guttut, was Ihnen Wohlbefinden bereiten kann. Haben Sie Ihre persönlichen Genussmomente gefunden? Falls nicht, so finden Sie hier ein paar Anregungen:

- lesen
- das erste Mal im Frühjahr in der Sonne sitzen
- einer schlafende Katze zuschauen
- Berge sehen
- am Wasser sitzen
- das erste grüne Laub im Wald
- Geruch von frischem Kaffee
- Erdbeeren essen, wenn sie auch so schmecken
- ein schön gedeckter Tisch mit frischen Blumen
- den blauen Himmel anschauen
- den ersten Schmetterling sehen
- ein Nachmittag mit »aktivem Nichtstun«
- ein kleiner Mittagsschlaf
- barfuß gehen
- mit Freunden lachen
- Sternenhimmel anschauen
- mit dem Hund spazieren gehen
- Film anschauen
- Lieblingsmusik hören
- ein Spaziergang

Was mich noch beschäftigt …

Seit der OP ist schon einige Zeit vergangen und Sie haben die Empfehlungen nach der OP wunderbar umsetzen können. Dennoch können immer wieder neue Fragen zu den verschiedensten Themen auftauchen. Welche Fragen haben Sie?

Es gibt vermutlich viele Fragen und Themen, die Sie nach der OP beschäftigen. Einige Themen, zu denen in der Nachsorge oft Fragen gestellt werden, sind: Gewichtsstillstand und Gewichtszunahme, Probleme wie beispielsweise Dumping-Syndrom, Wiederherstellungsoperationen und Schwangerschaft. Lesen Sie hierzu mehr. Doch zunächst möchte ich noch etwas zu einem nach wie vor wichtigen Thema schreiben:

Bewegung … gehört dazu wie Zähneputzen!

Wie sieht Ihr Bewegungsprogramm mittlerweile aus? Was machen Sie? Bewegen Sie sich gerne oder sind Sie eher ein Sportmuffel? Ein Mehr an körperlicher Bewegung gehört zu jeder Lebensstiländerung dazu. Bewegung kann einerseits die Energiebilanz verbessern und andererseits einen Verlust von Muskelmasse verhindern. Auch zur Stabilisierung des erreichten Gewichts ist regelmäßige Bewegung wichtig.

Erhöhen Sie Ihre Alltagsaktivität

Das heißt nicht, dass Sie jeden Tag ein umfangreiches Sportprogramm absolvieren müssen. Es kann schon sehr viel bringen, die körperliche Bewegung im Alltag zu erhöhen. Also: manche Strecken mit dem Fahrrad fahren und nicht mit dem Auto, spazieren gehen, mit dem Hund raus, Treppen steigen anstatt Aufzug fahren. Hilfreich ist der Einsatz eines Schrittzählers. Damit haben Sie einen guten Überblick über Ihr Bewegungspensum im Alltag. Empfohlen werden 10.000 Schritte pro Tag. Das ist nicht wenig – schaffen Sie das?

Als Bewegungsarten sind Ausdauersportarten wie Fahrradfahren und Schwimmen ideal, aber auch schon regelmäßige Spaziergänge bringen viel. Empfohlen wird mindestens dreimal, besser fünfmal die Woche jeweils eine halbe Stunde.

Voraussetzungen dafür, dass Sie die Bewegung langfristig durchführen werden, sind

- Freude an der Bewegung: Was machen Sie gerne?

- Frühere Sportarten aufgreifen: Haben Sie sich früher gerne bewegt? Was haben Sie gemacht?
- Langsam beginnen: Machen Sie am Anfang nicht zu viel, starten Sie Ihre Bewegung mit geringer Intensität und Dauer. So ein ordentlicher Muskelkater nach der ersten intensiven Bewegung könnte abschreckend sein.
- Begleiterkrankungen beachten: Besprechen Sie mit Ihrem Arzt, welche Bewegung für Sie geeignet ist.
- Erhöhung der Alltagsaktivität: Integrieren Sie die Bewegung in den Tages- und Wochenablauf.
- Soziale Unterstützung: Suchen Sie sich Unterstützung durch die Familie oder Freunde – wer geht z.B. mit Ihnen schwimmen?
- Überprüfung der Ziele: Vereinbaren Sie mit Ihren Therapeuten ein Ziel und führen Sie ein Bewegungstagebuch.
- Vermeidung rigider Regeln: Die Bewegungseinheit darf auch mal ausfallen – ohne dass Sie ein schlechtes Gewissen haben.

Gewichtsstillstand oder Gewichtszunahme

Mit dem Gewichtsstillstand haben Sie sicherlich schon in der ersten Zeit nach der OP kurz Bekanntschaft gemacht. Die Gewichtsabnahme ging dann aber weiter; Sie sind verwöhnt, da Sie in der ersten Zeit nach der OP schnell abgenommen haben, manchmal sogar 3–5 kg pro Woche. Nun haben Sie Ihr Essen umgestellt, bewegen sich mehr, achten auf die Ernährungsempfehlungen, haben also alles wunderbar umgesetzt und trotzdem tut sich auf der Waage nichts. Aber tut sich wirklich nichts? Oder ist vielleicht die Abnahme nur viel langsamer geworden? Es ist vermutlich kein Stillstand, sondern nur eine deutlich langsamere Abnahme Ihres Gewichtes, was auch völlig normal ist. Schließlich ist der Körper keine Maschine, die sich immer gleich verhält.

Sie lesen in diversen Gruppen in den sozialen Medien, wie viel andere Menschen nach der OP abgenommen haben, und kommen ins Grübeln, weil andere in einem vergleichbaren Zeitraum mehr abgenommen haben als Sie. Aber bedenken Sie, es gibt so viele Einflussfaktoren. Das Alter, das Geschlecht, das Ausgangsgewicht, Bewegung und Begleiterkrankungen und Medikamente spielen eine große Rolle bei der Gewichtsabnahme. Lassen Sie sich nicht durch beeindruckende Zahlen von anderen Betroffenen verunsichern. Sie sind Ihr eigener Maßstab, seien Sie vorsichtig mit Vergleichen. Nehmen Sie sich einen Moment Zeit, schreiben Sie einmal auf, wie Ihr Gewicht war, als Sie das Erstgespräch im Adipositas-Zentrum hatten. Wie viel wogen Sie vor der Operation, wie viel 4 Wochen danach? Wie war Ihr Gewicht 3 und 6 Monate nach der OP und wie ist es heute? Sehen Sie den großen Erfolg, den Sie erreicht haben? Seien Sie stolz auf das, was Sie schon geschafft haben!

Und nun ganz ehrlich – wie oft wiegen Sie sich? Einmal pro Woche? Einmal pro Tag? Jeden Morgen und jeden Abend? Machen Sie sich nicht zum Sklaven Ihrer Waage. Am besten wiegen Sie sich einmal pro Woche, immer am gleichen Wochentag zur ähnlichen Uhrzeit.

Falls Sie es nicht aushalten und sich doch jeden Tag wiegen müssen, dann rechnen Sie sich Ihr Wochendurchschnittsgewicht aus. Dieses können Sie dann mit dem aus den vorangegangenen Wochen vergleichen. Gewichtsschwankungen von einem auf den anderen Tag sind völlig normal. An einem Abend essen Sie vielleicht etwas salzreicher, Salz wiederum kann Wasser im Körper binden und schon wiegen Sie am nächsten Morgen etwas mehr. Berücksichtigen müssen Sie zudem hormonelle Schwankungen, auch diese können zu Wassereinlagerungen führen.

Es kann durchaus im Laufe der Zeit auch zu einer Gewichtszunahme kommen, das kann nach jeder Operation passieren, unabhängig vom Verfahren. Wenn Sie Gewicht zunehmen, dann überprüfen Sie am besten, ob Sie Ihre neuen Gewohnheiten noch gut umsetzen, indem Sie ein Ernährungs- und Bewegungstagebuch führen. Vereinbaren Sie auch einen Termin mit Ihrer Ernährungsberaterin.

Schreiben Sie Ihr Ernährungs- und Bewegungstagebuch unter den folgenden Aspekten:

- Was esse ich?
- Wie viel esse ich?
- Wann esse ich?
- Wo, unter welchen Umständen esse ich?
- Warum esse ich? Bin ich gestresst? Brauche ich Trost?
- Wann bin ich mit meinen Essverhalten zufrieden/unzufrieden?
- Wann bewege ich mich?
- Wie lange bewege ich mich?
- Wie häufig bewege ich mich?
- Welche Bewegung macht mir Freude? Spazieren gehen? Schwimmen? Aqua-Gymnastik?

Zusätzlich können Sie mit dieser Checkliste Ihre neuen Gewohnheiten nochmals üben und überprüfen.

- Ich esse regelmäßig mind. 4 kleine Mahlzeiten pro Tag.
- Ich nehme mir Zeit zum Essen.
- Ich esse langsam.
- Ich genieße mein Essen.
- Ich kaue gut.
- Ich trenne Essen und Trinken.
- Ich trinke keine Getränke mit Kohlensäure.
- Ich trinke schluckweise.
- Ich trinke keine zuckerhaltigen Getränke.
- Ich achte auf ausreichend Protein.
- Ich achte auf Obst und Gemüse.
- Ich verwende wenig Fertigprodukte.
- Ich esse nicht zwischendurch
- Ich nehme regelmäßig meine Supplemente.
- Ich bewege mich regelmäßig.

Welche Probleme gibt es langfristig?

In der ersten Zeit direkt nach der OP können Probleme wie Übelkeit, Erbrechen, Blähungen oder Verstopfung auftreten. Diese lassen sich meist unkompliziert lösen. Das haben Sie vielleicht selbst erfahren.

Vermehrter Haarausfall tritt etwa 3–6 Monate nach der OP auf. Aufgrund der schnellen und massiven Gewichtsabnahme wird der Prozess des Haarwachstums unterbrochen. Hier heißt es, geduldig zu sein, ausreichend Protein zu essen und die Supplemente in der richtigen Dosierung einzunehmen.

Es gibt aber Probleme, die langfristig auftreten können; dies sind beispielsweise Mangelerscheinungen, Gallensteine, Sodbrennen, Gallensäurereflux oder eventuell auch Magengeschwüre bzw. Geschwüre an der Anastomose und das Dumping-Syndrom.

Mangelerscheinungen können Sie vorbeugen, indem Sie Ihre Supplemente regelmäßig und in der empfohlenen Menge einnehmen.

Anzeichen für Gallensteine, Sodbrennen, Gallensäurereflux, Magenschleimhautentzündungen und/oder Geschwüre sind meist

Übelkeit, Magenschmerzen, Magenkrämpfe oder Druckgefühl im Oberbauch. Wenn Sie Beschwerden haben, dann vereinbaren Sie zur Abklärung möglichst bald einen Termin in Ihrem Adipositas-Zentrum.

Dumping-Syndrom

Das Dumping-Syndrom leitet sich von dem englischen Verb »to dump« ab, was so viel wie »hineinplumpsen« bedeutet. Es handelt es sich um eine Sturzentleerung flüssiger und fester Speisen aus dem Magen in den Darm. Unterschieden wird zwischen einem Früh- und einem Spätdumping-Syndrom.

Das Frühdumping tritt meist innerhalb von 15–30 Min. nach dem Essen auf. Wenn das Essen zu schnell aus dem Magen in den Darm gelangt, kommt es zu einem Wassereinstrom aus dem Körper in den Darm. Dadurch wird dem Kreislauf Wasser entzogen. Anzeichen sind: starke Müdigkeit und Schwächegefühl, Blutdruckabfall, Schwitzen, Völlegefühl, Durchfall, Übelkeit und Erbrechen, in seltenen Fällen auch Ohnmacht.

Das Spätdumping zeigt sich etwa 1–3 Stdn. nach dem Essen, besonders nach sog. schnell resorbierbaren Kohlenhydrate, also wenn Sie beispielsweise Lebensmittel mit reinem Zucker gegessen oder getrunken haben, wie Säfte, Limonaden, Eis, Fruchtgummis, Smoothies oder Trink-Fruchtjoghurt. Durch den schnellen Blutzuckeranstieg kommt es zu einer erhöhten Insulinausschüttung und nachfolgend zu einem Blutzuckerabfall. Eine Unterzuckerung (Hypoglykämie) ist das Resultat. Anzeichen sind: Zittern, Schwitzen, Schwindelgefühl, Heißhunger, Herzrasen oder Konzentrationsstörungen.

In diesem Fall müssen Sie 2–3 Täfelchen Traubenzucker essen oder ca. 100 ml Saft trinken, damit Ihr Blutzucker wieder in einen normalen Bereich kommt.

Nicht jeder entwickelt ein Dumping-Syndrom. Sollten Sie aber Anzeichen dieser Art bei sich beobachten, dann rufen Sie bitte baldmöglichst in Ihrem Adipositas-Zentrum bzw. bei Ihrer Ernährungsfachkraft an. Bei Früh- und Spätdumping kann durch ernährungstherapeutische Maßnahmen eine deutliche Verbesserung erreicht werden.

Was ist zu tun bei einem Dumping-Syndrom?

- Trennen Sie konsequent Essen und Trinken.
- Essen Sie mindestens 5–6 kleine Mahlzeiten, die protein- und ballaststoffreich sind.
- Meiden Sie Lebensmittel mit viel Zucker (Limonaden, Säfte, Süßigkeiten, Trockenobst).

Wiederherstellungs-Operation

Sie haben erfolgreich an Gewicht abgenommen und ein neues Lebensgefühl entwickelt. Durch die Gewichtsabnahme sind aber Haut-Fettüberschüsse an verschiedenen Stellen Ihres Körpers entstanden, die sich leider nicht zurückbilden, sondern zu neuen Beschwerden führen können. Durch stärkeres Schwitzen kann es zu Hautproblemen kommen, Rötungen und Infektionen können auftreten, die häufig vom Hautarzt behandelt werden müssen.

Die hängende Haut kann Sie zudem in Ihrer Bewegung einschränken. Und nicht vergessen werden darf, dass die Hautüberschüsse zu psychischen Belastungen führen können.

Was ist nun zu tun?

Die Wiederherstellungs-Operation, oft auch als WHO abgekürzt, wird von einem Facharzt für plastische und ästhetische Chirurgie durchgeführt. Am besten machen Sie einen Termin bei diesem Arzt. Informationen hierzu bekommen Sie von Ihrem Adipositas-Zentrum. Um einen Antrag für die Kostenübernahme bei der Krankenkasse stellen zu können, brauchen Sie einen Befundbericht mit Fotodokumentation von dem plastischen Chirurgen. Bei nachvollziehbaren Beschwerden werden die Kosten für die WHO von der Krankenkasse übernommen.

Voraussetzungen:

- Sie haben Ihr Zielgewicht erreicht und dieses für mindestens 6 Monate stabil gehalten.
- Bei Kinderwunsch planen Sie eine Schwangerschaft am besten vor der WHO. Durch die Schwangerschaft kann es zu einer ausgeprägten Dehnung der Haut kommen, die wiederum zu hängender Haut führen kann.
- Im Idealfall ist Ihr BMI < 32 kg/m^2.
- Vier Wochen vor und nach der OP nicht rauchen.
- Begleiterkrankungen, wie Diabetes, Bluthochdruck oder Blutgerinnungsstörungen sind Risikofaktoren für mögliche Probleme nach der OP, deshalb müssen sie im Vorfeld gut eingestellt sein.
- Gute Versorgung mit Vitaminen und Mineralstoffen. Ein Mangel könnte beispielsweise zu Wundheilungsstörungen führen.

Was kann ich erwarten?

Vorweg muss gesagt werden: Wiederherstellungs-Operationen sind medizinisch notwendige Eingriffe und keine kosmetische Schönheitsoperation. Durch die Operation werden funktionelle Beschwerden sowie Hautprobleme beseitigt. Ihr Körper bekommt wieder seine natürliche Kontur, es kommt zu einer Steigerung Ihrer Lebensqualität und einem neuen Lebensgefühl.

Kinderwunsch und Schwangerschaft

Haben Sie einen Kinderwunsch und möchten Sie sich diesen erfüllen? Dann sollten Sie nicht zu schnell nach Ihrer OP schwanger werden. Vor allem in der Phase der raschen Gewichtsabnahme sollten Sie eine Schwangerschaft vermeiden, da es hier zu einem Nährstoffmangel und somit zu einer schlechten Versorgung des Fetus kommen kann. In der aktuellen Leitlinie der Fachgesellschaften von 2018 wird empfohlen, dass Frauen im gebärfähigen Alter nach der Adipositas-OP eine sichere Empfängnisverhütung über die Phase der Gewichtsreduktion durchführen sollen. Zwei Jahre erscheinen empfehlenswert.

Verhütungsmittel, wie die Pille, sind nach der OP nicht mehr sicher. Das kann zum einen an postoperativ auftretenden Durchfällen und/oder Erbrechen liegen. Zum anderen kann bei Bypassverfahren durch die Ausschaltung bestimmter Dünndarmabschnitte die Pille eventuell nicht mehr ausreichend aufgenommen werden. Geeignete Verhütungsmethoden besprechen Sie am besten mit Ihrem behandelnden Gynäkologen.

Eine Schwangerschaft sollte immer gut geplant sein:

- Sie müssen nach der Adipositas-OP regelmäßig die empfohlenen Vitamine, insbesondere Folsäure, und Mineralstoffe einnehmen.
- Lassen Sie die wichtigsten Vitamine und Mineralstoffe im Blut bestimmen und passen Sie Ihre Supplemente entsprechend an, damit Sie gut versorgt sind. Ein Mangel kann sich auch immer auf Ihr Kind auswirken.
- Besprechen Sie Ihren Kinderwunsch im Adipositas-Zentrum bei der Nachsorge.

Schwanger – und nun?

- Erst einmal herzlichen Glückwunsch!
- Sie nehmen weiterhin Ihre üblichen Supplemente ein. Die übliche Vitamingabe in der Schwangerschaft (vor allem Folsäure) nehmen Sie zusätzlich ein!
- Achten Sie auf eine ausreichende Proteinaufnahme und essen Sie genügend (4–6 Mahlzeiten).
- Lassen Sie Ihre Blutwerte engmaschig überprüfen, damit Sie

und Ihr Kind gut versorgt sind. Die kritischen Nährstoffe in der Schwangerschaft sind vor allem Eisen, Kalzium, Vitamin A und D, Folsäure und Vitamin B_1. Besonders wenn Sie sich häufig übergeben, müssen Sie Vitamin B_1 kontrollieren lassen.

Schwangerschaftsdiabetes

Jede Schwangere wird auf Schwangerschaftsdiabetes getestet. Adipositas ist ein Risikofaktor für die Entwicklung eines Schwangerschaftsdiabetes. Dieses Risiko sinkt zwar nach der Adipositas-OP, trotzdem gehören Sie zur Risikogruppe. Normalerweise wird bei den Schwangeren zwischen der 24. und 28. Schwangerschaftswoche ein Glukosetoleranztest durchgeführt. Nach Operationen, die die Aufnahme beeinflussen, wie beispielsweise den Bypassverfahren, ist dies jedoch nicht möglich, da diese große Zuckermenge zu einem Dumping-Syndrom und somit zu völlig verfälschten Blutzuckerwerten führen könnte.

Dennoch muss abgeklärt werden, ob Sie einen Schwangerschaftsdiabetes haben. Dazu sollten Sie laut den Leitlinien der Deutschen Diabetes Gesellschaft von 2018 nüchtern bzw. vor den Mahlzeiten und 1 Stunde nach der Mahlzeit Ihren Blutzucker messen. Bitte besprechen Sie dies mit Ihrer Gynäkologin. Wenn Sie die Zielwerte überschreiten, sollte eine diabetologische Betreuung in einer Diabetes-Schwerpunktpraxis erfolgen.

Rezepte: Lecker und gesund essen nach der OP

Haben Sie Lust etwas Neues auszuprobieren? Lassen Sie sich von tollen vegetarischen Gerichten, neuen süßen und herzhaften Geschmackserlebnissen, leckeren Knabbereien und einer großen Vielfalt überraschen. Viel Spaß beim Genießen!

SCHNELLE GERICHTE FÜR DEN FEIERABEND

Was koche ich heute? Kommt Ihnen diese Frage bekannt vor? Sie haben Feierabend, der Hunger ist besonders groß, aber eigentlich haben Sie nicht wirklich Lust, noch lange in der Küche zu stehen und etwas Leckeres zu zaubern.

Auch wenn Sie wenig Zeit zum Kochen haben, lassen sich leckere Gerichte oft schnell und aus wenigen Zutaten zubereiten. Rezepte müssen nicht aufwendig sein. Oft ist eine gute Organisation die halbe Miete. Legen Sie sich einen kleinen Vorrat an Grundnahrungsmitteln (z. B. Kartoffeln, Hülsenfrüchten, Knoblauch, Zwiebeln, Mehl, Nudeln) sowie Eiern, Milchprodukten, Ölen, Essig, Gewürzen und Gemüsebrühe an. Wenn Sie einen Tiefkühler haben, können Sie hervorragend ungewürztes Gemüse (z. B. Erbsen oder Bohnen), Obst wie Beeren, Fisch oder Fleisch darin aufbewahren. Dann können Sie spontan loskochen und einfache Rezepte ohne großen vorherigen Einkauf ausprobieren.

Lassen Sie sich inspirieren! Die nachfolgenden Gerichte stehen in maximal 30 Minuten auf dem Tisch.

« Spinatsalat mit Bohnen (Seite 42)

Zu den Rezepten

Bevor es jetzt mit den schnellen Gerichten für den Feierabend losgeht, finden Sie hier noch einige Hinweise zum gesamten Rezeptteil. Es gibt hier eine Vielzahl von herzhaften und süßen Rezepten für verschiedenste Anlässe, nicht nur für die schnelle Küche, sondern auch zum Verwöhnen der Familie und der Freunde, um Leckeres zur Arbeit mitzunehmen, kleine Köstlichkeiten zu Festen beizusteuern, Knabbereien für zwischendurch parat zu haben und noch einiges mehr. Lassen Sie sich überraschen.

Genießen Sie die Vorzüge der vegetarischen Küche. Sie finden viele Gerichte, die Ihnen neue Geschmackserlebnisse, eine große Vielfalt und vor allem Genuss bieten sollen. Als Proteinquellen fungieren die wunderbaren Hülsenfrüchte, verschiedenste Sorten Käse, Milchprodukte wie Quark und Eier. In Kombination mit knackigem Gemüse und Obst entstehen tolle Kreationen. Sie müssen aber nicht komplett auf Fleisch verzichten. Selbstverständlich gibt es auch Gerichte mit Fisch, Meeresfrüchten, Huhn und Fleisch.

Die Portions- und Nährwertangaben beziehen sich immer auf Ihre kleine Portion. Eine Rezeptangabe für 2 Personen bedeutet also 2 Portionen für Sie. Kochen Sie für die Familie und Freunde, so können Sie folgendermaßen rechnen: Eine Rezeptangabe für 2 Personen entspricht einer Portion für eine Person, die nicht operiert ist.

Hier noch ein Hinweis, falls Ihnen einige der verwendeten Abkürzungen nicht geläufig sind:

- TK = tiefgekühlt
- TL = Teelöffel
- EL = Esslöffel
- Msp. = Messerspitze
- Pck. = Päckchen

Lecker mit Orange und Avocado

Spinatsalat mit Bohnen

Für 4 Portionen • gelingt leicht
30 Min.

100 g Baby-Spinat • 1 Avocado • 1 Orange • 4 EL Zitronensaft • 2 EL Olivenöl • 1 EL Honig • Salz • Pfeffer • 100 g gekochte weiße Bohnen (aus der Dose) • 30 g Walnüsse

- Spinat verlesen, waschen und abtropfen lassen. Avocado schälen und in Scheiben schneiden. Orange schälen und filetieren.
- Zitronensaft, Olivenöl und Honig verrühren, mit Salz und Pfeffer abschmecken.
- Spinat in eine Schüssel geben, Avocadoscheiben und Orangenfilets dazugeben, mit dem Dressing vorsichtig vermischen.
- Bohnen dazugeben und mit Walnüssen bestreuen.

Nährwerte pro Portion
250 kcal • 6 g E • 17 g F • 15 g KH

Tipp Sie können auch am Vorabend getrocknete weiße Bohnen einweichen und dann in reichlich frischem Wasser ca. 1 Std. garen, bis sie weich sind. Wenn Sie eine größere Menge Bohnen kochen, können Sie auch noch die Bohnencreme (S. 116) als Brotaufstrich zubereiten. Für 100 g gekochte Bohnen benötigen Sie ca. 50 g getrocknete.

Das Rezept zum Coverfoto

Feldsalat mit Ziegenkäse

Für 2 Portionen • gelingt leicht
15 Min. + 15 Min. Backzeit

50 g Feldsalat • 120 Ziegenfrischkäse (2–3 Taler) • 1 TL Honig • 2 EL Granatapfelessig (Seite 122) • 2 TL Walnussöl • 1 EL Wasser • Salz • Pfeffer • 20 g Walnusskerne • 2 EL Granatapfelkerne

- Den Backofen auf 225 Grad vorheizen. Feldsalat waschen und abtropfen lassen.
- Ziegenkäse in eine Form geben und jeden Taler mit ½ TL Honig beträufeln. Im Ofen 15 Min. überbacken.
- Essig, Öl und Wasser in eine Schüssel geben und kräftig verrühren. Mit Salz und Pfeffer würzen.
- Feldsalat und Walnusskerne vorsichtig mit dem Dressing vermischen und auf einem Teller anrichten. Ziegenkäse auf den Teller geben, mit den Granatapfelkernen bestreuen.

Nährwerte pro Portion
265 kcal • 9 g E • 20 g F • 12 g KH

Ein toller Geschmack

Rote-Bete-Carpaccio

Für 2 Portionen • gelingt leicht
30 Min.

100 g Harzer Käse • 100 g Rote Bete • ½ kleiner säuerlicher Apfel • ½ kleine rote Zwiebel • 2 EL Apfelsaft • 3 EL Apfelessig • 1 EL Rapsöl • Salz • Pfeffer • 1 EL Schnittlauch, gehackt (frisch oder TK) • 20 g Walnüsse

- Den Harzer Käse waagrecht in dünne Scheiben schneiden. Rote Bete schälen und in feine Scheiben schneiden.
- Apfel schälen und in kleine Würfel schneiden, Zwiebel schälen und fein hacken.
- Harzer-Käse- und Rote-Bete-Scheiben abwechselnd auf einem Teller schichten, Apfel und Zwiebel darüberstreuen.
- Apfelsaft, Essig und Öl miteinander verrühren, mit Salz und Pfeffer würzen. Die Hälfte des Schnittlauchs unter das Dressing rühren.
- Das Carpaccio mit dem Dressing beträufeln und mind. 15 Min. ziehen lassen. Walnüsse hacken, in einer Pfanne ohne Fett leicht anrösten und über das Carpaccio streuen. Die restlichen Schnittlauchröllchen darüberstreuen.

Nährwerte pro Portion
250 kcal • 18 g E • 14 g F • 11 g KH

Für den italienischen Moment

Caprese in der Kugel

Für 2 Portionen • geht schnell
15 Min.

2 Kugeln Mozzarella à 125 g • 3 Stängel Basilikum • 80 g Tomate • 2 TL Olivenöl • Salz • Pfeffer • 4 Blättchen Basilikum als Garnitur

- Mozzarellakugeln aushöhlen, es sollte ein ca. 1 cm breiter Rand stehen bleiben. Das Innere in kleine Würfel schneiden.

- Basilikum waschen, abtupfen, Blätter abzupfen und in Streifen schneiden. Tomaten waschen und in kleine Würfel schneiden.

- Mozzarellawürfel, Basilikum und Tomaten mit Öl vermischen, mit Salz und Pfeffer würzen.

- Einen Teil der Mischung in den ausgehöhlten Mozzarella füllen, den Rest mit dem Mozzarella auf einem Teller anrichten und mit den Basilikumblättchen garnieren.

Nährwerte pro Portion
390 kcal • 22 g E • 32 g F • 4 g KH

Exotisch, fruchtig und lecker

Garnelensalat

Für 2 Portionen • gelingt leicht
20 Min.

80 g Garnelen • 1 Knoblauchzehe • 20 g Rucola • ½ Limette • 60 g Mango • ½ Avocado • 60 g Galiamelone • 1 TL Olivenöl • Salz • Pfeffer • 2 EL Mangoessig (Seite 122) • 1 EL Olivenöl

- Garnelen waschen und abtropfen lassen. Knoblauch schälen und fein hacken. Rucola waschen und trocken tupfen.

- Limette auspressen. Mango und Avocado würfeln. Aus der Melone Kugeln ausstechen. Alles mit Limettensaft beträufeln.

- Öl in einer Pfanne erhitzen, Garnelen anbraten, Knoblauch dazugeben und mitbraten, mit Salz und Pfeffer würzen.

- Essig und Öl verrühren, mit Salz und Pfeffer würzen. Dressing mit der Fruchtmischung vermengen.

- Rucola auf 2 Teller geben, Fruchtmischung darauf anrichten, Garnelen darüber verteilen.

Nährwerte pro Portion
235 kcal • 9 g E • 15 g F • 13 g KH

Garnelensalat

Forellentatar

Forelle einmal anders

Forellentatar

Für 2 Portionen • gelingt leicht
15 Min.

2 Forellenfilets, geräuchert (125 g) • ¼ säuerlicher Apfel • 1 Lauchzwiebel • ¼ Bund Schnittlauch • 4 Cornichons • 2 EL Joghurt • 1–2 TL Zitronensaft • 4 TL Sud der Cornichons • Salz • Pfeffer

- Forellenfilets in kleine Würfel schneiden. Apfel in kleine Würfel schneiden. Lauchzwiebel und Schnittlauch waschen, trocken tupfen und in Röllchen schneiden.

- Joghurt mit Zitronensaft und dem Sud der Cornichons verrühren, Forelle, Apfel, Lauchzwiebel und Schnittlauch zugeben und vermengen. Mit Salz und Pfeffer abschmecken.

Das passt dazu Forellentatar mit jeweils ½ Scheibe Brot anrichten.

Nährwerte pro Portion
120 kcal • 16 g E • 3 g F • 5 g KH

Ein echter Klassiker

Eiersalat

Für 2 Portionen • gelingt leicht
20 Min.

4 Eier • 2 Stängel Petersilie • 1 Knoblauchzehe • 30 g Cornichons • 80 g Joghurt • 40 g Schmand • 2 TL Senf • Salz • Pfeffer • Sud der Cornichons

- Eier kochen, abschrecken, pellen und in Scheiben schneiden.

- Petersilie waschen, trocken tupfen und fein hacken. Knoblauchzehe schälen und fein hacken. Cornichons klein schneiden.

- Joghurt, Schmand und Senf verrühren. Petersilie, Knoblauch und Cornichons zugeben und vermengen. Eier vorsichtig unterheben.

- Mit Salz, Pfeffer und dem Sud der Cornichons abschmecken.

Nährwerte pro Portion
245 kcal • 17 g E • 17 g F • 5 g KH

Schmeckt richtig gut!

Forelle mit Gurkensalat

Für 4 Portionen • geht schnell
⏲ 15 Min.

250 g Gurke • 100 g Joghurt • 1–2 TL Zitronensaft • 1 EL Dill, gehackt (frisch oder TK) • 1 EL Schnittlauch, gehackt (frisch oder TK) • Salz • Pfeffer • 250 g Forellenfilet, geräuchert

- Gurke waschen, längs halbieren und die Kerne mit einem Teelöffel herauskratzen. Die Gurkenhälften in ca. ½ cm breite Scheiben schneiden.

- Joghurt mit Zitronensaft, Dill und Schnittlauch verrühren, mit Salz und Pfeffer abschmecken.

- Forellenfilet in kleine Stücke schneiden und mit den Gurkenscheiben vermengen. Das Joghurt-Dressing unterrühren.

Nährwerte pro Portion
110 kcal • 17 g E • 3 g F • 3 g KH

Unbedingt probieren!

Pastinakensuppe mit Garnelen

Für 4 Portionen • geht schnell
⏲ 30 Min.

1 Schalotte • 250 g Pastinaken • 150 g Kartoffeln • 15 g Butter • 600 ml Gemüsebrühe • 160 Garnelen • 1 TL Butter • 50 ml Sahne • 2 TL Limettensaft • Salz • Pfeffer • Muskat

- Schalotte schälen und fein würfeln. Pastinaken und Kartoffeln schälen und in kleine Würfel schneiden.

- Butter in einem Topf zerlassen, Schalotten darin dünsten, Pastinaken- und Kartoffelwürfel zugeben und kurz mitdünsten.

- Mit Gemüsebrühe auffüllen, zum Kochen bringen und bei mittlerer Hitze ca. 15 Min. köcheln lassen.

- Garnelen abspülen und abtropfen lassen. Butter in einer Pfanne zerlassen, Garnelen darin kurz leicht anbraten.

- Suppe pürieren, Sahne zugeben, mit Limettensaft, Salz, Pfeffer und Muskat abschmecken. Suppe mit Garnelen anrichten.

Nährwerte pro Stück
180 kcal • 10 g E • 8 g F • 15 g KH

Eine tolle Kombination

Krabben mit Rührei

Für 2 Portionen • geht schnell
15 Min.

6 Stängel Schnittlauch (= 1 EL Schnittlauchröllchen) • 2 kleine Scheiben Brot (je 25 g) • 50 g Nordseekrabben • 2 Eier • Salz • Pfeffer • 5 g Butterschmalz

- Schnittlauch waschen, abtupfen und in Röllchen schneiden. Brot leicht antoasten.

- Krabben abspülen und abtropfen lassen. Eier verquirlen, mit Salz und Pfeffer würzen.

- Butterschmalz in einer beschichteten Pfanne erhitzen, Eier zugeben und bei milder Hitze stocken lassen, dabei mit einem Holzspatel von außen nach innen schieben.

- Rührei auf dem Brot verteilen und mit den Krabben bestreuen. Mit den Schnittlauchröllchen garnieren.

Nährwerte pro Portion
185 kcal • 14 g E • 8 g F • 13 g KH

Der Protein-Geheimtipp

Rührei mit Harzer Käse

Für 2 Portionen • geht schnell
10 Min.

2 Eier • 80 g Harzer Käse • Salz • Pfeffer • 2 TL Rapsöl • 2 Stängel Petersilie

- Eier verquirlen. Harzer Käse reiben oder in kleine Stücke schneiden und mit den Eiern verrühren. Mit Salz und Pfeffer würzen.

- Öl in einer Pfanne erhitzen, Ei-Käse-Mischung hinzufügen, stocken lassen und mit einem Holzspatel von außen nach innen schieben.

- Petersilie waschen, trocken tupfen, fein hacken und über das Rührei streuen.

Das passt dazu ein kleiner Blattsalat oder Rohkost und eine kleine Scheibe Brot

Nährwerte pro Portion
190 kcal • 19 g E • 12 g F • 2 g KH

Schmecken auch zum Frühstück

Eier-Muffins

Für 6 Stück • gelingt leicht

10 Min. + 20 Min. Backzeit

1 mittelgroße Tomate (75 g) • 60 g Zucchini • 1 Frühlingszwiebel • 30 g Parmesan • 4 Eier • 30 ml Milch (3,5 % Fett) • Salz • Pfeffer

- Backofen auf 200 Grad (Umluft 180 Grad) vorheizen. In einer Muffinform 6 Vertiefungen ausbuttern oder mit Silikonförmchen besetzen.

- Tomate und Zucchini waschen und in kleine Würfel schneiden. Frühlingszwiebel putzen, waschen und in Röllchen schneiden. Alles miteinander vermischen.

- Parmesan reiben. Die Eier verquirlen, Milch und Parmesan unterrühren, mit Salz und Pfeffer würzen.

- Tomaten-Mischung auf die Muffinförmchen verteilen, mit der Eier-Mischung auffüllen. Im Backofen 15–20 Min. backen.

Nährwerte pro Stück

85 kcal • 7 g E • 6 g F • 1 g KH

Lecker mit Schafskäse

Gefüllte Tomate

Für 2 Portionen • gelingt leicht

10 Min. + 20–25 Min Backzeit

2 mittelgroße Tomaten • 100 g Schafskäse • 1 Knoblauchzehe • Salz • Pfeffer • Kräuter der Provence

- Backofen auf 180 Grad vorheizen. Tomaten waschen, Deckel mit Strunk abschneiden und Tomate aushöhlen. Inhalt der Tomate in eine Schüssel geben, Schafskäse dazubröseln.

- Knoblauch schälen und fein hacken, zu der Schafskäsemasse geben und alles mit Salz, Pfeffer und Kräutern der Provence abschmecken.

- Ausgehöhlte Tomate mit dem Schafskäse füllen und in eine ofenfeste Form setzen. Den übrigen Schafskäse mit in die Form geben, etwa 20–25 Min. backen.

Nährwerte pro Portion

170 kcal • 9 g E • 12 g F • 4 g KH

Gefüllte Tomate

Herzhaft mit Speck und Käse

Rosenkohl aus der Pfanne

Für 4 Portionen • gelingt leicht
⏲ 30 Min.

500 g Rosenkohl • Salzwasser zum Kochen • ½ EL Rapsöl • 75 g magere Speckwürfel • 30 g geriebener Emmentaler (45 % F.i.Tr.)

- Rosenkohl putzen, am Strunk kreuzweise einschneiden, damit die Röschen gleichmäßig garen, waschen.
- Rosenkohl in Salzwasser etwa 5–10 Min. knapp gar kochen, abgießen und abtropfen lassen.
- Öl in einer Pfanne erhitzen, Speck anbraten, Rosenkohl dazugeben, schwenken und erhitzen. Mit dem geriebenen Käse bestreuen.

Das passt dazu mit Kartoffeln als eigenständiges Gericht oder den Rosenkohl als Beilage zu einem Fleischgericht nehmen.

Nährwerte pro Portion
120 kcal • 13 g E • 5 g F • 10 g KH

Ein Geschmackserlebnis

Pfirsich-Halloumi-Spieß

Für 2 Spieße • gelingt leicht
⏲ 20 Min.

1 Pfirsich • 125 g Halloumi • 1 Limette • 1 EL Olivenöl • Salz • Pfeffer • ½ TL Curry • 1 EL Olivenöl • außerdem: 2 Holzspieße

- Pfirsich waschen, halbieren, Stein entfernen und Hälften nochmals in je 4 Teile schneiden.
- Halloumi in Würfel schneiden. Pfirsich und Halloumi abwechselnd auf die Holzspieße stecken.
- Limette auspressen, Saft mit 1 EL Olivenöl, Salz, Pfeffer und Curry verrühren und die Spieße mit der Marinade bestreichen.
- Öl in einer Pfanne erhitzen, Spieße darin anbraten.

Nährwerte pro Portion (1 Spieß)
335 kcal • 18 g E • 26 g F • 7 g KH

Tipp Die Spieße können Sie auch gut grillen. Und sie schmecken auch toll, wenn Sie anstatt eines Pfirsichs eine Nektarine oder 2–3 Aprikosen verwenden.

Einfach – aber schmeckt immer!

Pellkartoffeln mit Frühlingsquark

Für 2 Portionen • gelingt leicht
⏲ 20 Min.

2 kleine Kartoffeln (ca. 160 g) • 6 Radieschen • 2 Stängel Petersilie • 160 g Quark (20 %) • 2 TL Leinöl (oder Rapsöl) • 1 TL Zitronensaft • Salz • Pfeffer

- Kartoffeln kochen. Radieschen waschen und in kleine Würfel schneiden. Petersilie waschen, trocken tupfen und fein hacken.

- Quark mit Öl verrühren, Radieschen und Petersilie dazugeben. Mit Zitronensaft, Salz und Pfeffer abschmecken.

Nährwerte pro Portion
175 kcal • 13 g E • 5 g F • 16 g KH

Tipp Kochen Sie eine größere Portion Kartoffeln, dann können Sie am nächsten Tag z. B. Bratkartoffeln daraus machen.

Sieht gut aus und schmeckt gut

Erbsenpüree

Für 6 Portionen • gelingt leicht
⏲ 20 Min.

60 g Schalotten • 40 g Butter • 450 g TK-Erbsen • 50 ml Sahne • 75 ml Milch (3,5 %) • Salz • Pfeffer • Muskat

- Schalotten schälen und fein hacken. Butter in einem Topf zerlassen, Schalotten hinzufügen und glasig dünsten. Erbsen hinzufügen und zugedeckt bei leichter Hitze weich dünsten.

- Die Erbsen zusammen mit Sahne und Milch fein pürieren und durch ein grobes Sieb streichen. Mit Salz, Pfeffer und Muskat abschmecken.

Das passt dazu Probieren Sie das Erbsenpüree zu Fisch oder zu Kurzgebratenem. Es schmeckt auch toll mit Kartoffelrösti.

Nährwerte pro Portion
160 kcal • 6 g E • 9 g F • 11 g KH

Tipp Sollte Ihnen das Püree zu fest sein, können Sie es mit Milch verdünnen.

Bratkartoffeln mit Spiegelei

Der Klassiker

Bratkartoffeln mit Spiegelei

Für 2 Portionen • gelingt leicht
30 Min.

160 g Kartoffeln • 4 TL Rapsöl • Salz • 100 g Zucchini • ½ Lauchzwiebel • Pfeffer • 2 Eier • Kräuter der Provence

- Kartoffeln waschen, als Pellkartoffeln kochen, pellen und in Scheiben schneiden. 2 TL Rapsöl in einer Pfanne erhitzen, Kartoffeln darin anbraten, salzen.

- Zucchini waschen und in Scheiben schneiden. Lauchzwiebel waschen, trocken tupfen und in Röllchen schneiden. 1 TL Rapsöl in einem Topf erhitzen, Lauchzwiebel darin andünsten, Zucchini dazugeben und kurz mitdünsten. Mit Salz und Pfeffer würzen.

- 1 TL Rapsöl in einer Pfanne erhitzen, Eier darin als Spiegelei braten. Mit Salz, Pfeffer und Kräutern der Provence würzen.

Das passt dazu Anstatt Zucchini-Gemüse passt auch ein kleiner Blattsalat.

Nährwerte pro Portion
245 kcal • 10 g E • 15 g F • 15 g KH

Tipp Haben Sie gekochte Kartoffeln vom Vortag übrig? Dann verkürzt sich die Zubereitungszeit auf 15 Min.

Es muss nicht immer Reis sein

Linsotto

Für 4 Portionen • gelingt leicht
30 Min.

15 g frischer Ingwer • 1 Knoblauchzehe • 150 g Lauch • 125 g getrocknete rote Linsen • 1 EL Rapsöl • 2 TL Currypulver • 300 ml Gemüsebrühe • ½ Zitrone (unbehandelt) • Currypulver • Salz • Pfeffer

- Ingwer und Knoblauch schälen und fein hacken. Lauch waschen und in feine Ringe schneiden. Die Linsen waschen und abtropfen lassen.

- Öl in einem Topf erhitzen, Ingwer und Knoblauch leicht anbraten, Lauch zugeben und kurz mitbraten.

- Mit dem Currypulver bestreuen und gut mischen, mit der Gemüsebrühe ablöschen und die Linsen zugeben. Aufkochen lassen und bei geschlossenem Deckel ca. 20 Min. bissfest garen. Evtl. muss etwas Gemüsebrühe nachgefüllt werden.

- Zitronenschale abreiben und 2 TL Zitronensaft auspressen. Das Linsotto mit Zitronenschale, Zitronensaft, Currypulver, Salz und Pfeffer abschmecken.

Nährwerte pro Portion
160 kcal • 10 g E • 3 g F • 20 g KH

Schmeckt einfach nur gut

Risotto mit Erbsen

Für 6 Portionen • gelingt leicht
30 Min.

150 g TK-Erbsen • 1 Schalotte • 1 Knoblauchzehe • 1 ½ EL Olivenöl • 175 g Risottoreis • 50 ml Weißwein • 500 ml Gemüsebrühe • 75 g Parmesan • ½ Bio-Zitrone • 25 g Butter • Salz • Pfeffer • Muskatnuss

- Erbsen antauen lassen. Schalotte und Knoblauchzehe schälen und fein hacken.

- Olivenöl in einem Topf erhitzen, Schalotte und Knoblauch darin andünsten, Risottoreis zugeben und kurz mitdünsten.

- Mit Weißwein ablöschen, köcheln lassen, bis der Wein fast verkocht ist. Nach und nach Gemüsebrühe zugießen und das Risotto unter häufigem Rühren ca. 25 Min. köcheln lassen.

- Etwa 5 Min. vor Garzeitende Erbsen unterrühren und mitgaren. Parmesan reiben, Zitronenschale abreiben, Saft auspressen.

- Parmesan und Butter unter das Risotto rühren und mit Salz, Pfeffer, geriebener Muskatnuss, Zitronenschale und Zitronensaft abschmecken.

Nährwerte pro Portion
245 kcal • 8 g E • 10 g F • 27 g KH

Eine tolle Alternative

Kichererbsenpfannkuchen

Für 4 Stück • gelingt leicht
20 Min.

300 ml Milch • 1 Ei • 1 Prise Salz • 200 g Kichererbsenmehl • 20 g Butterschmalz

- Milch mit Ei verrühren, Salz dazugeben und Kichererbsenmehl unterrühren.

- Butterschmalz in einer Pfanne erhitzen, 4 Pfannkuchen nacheinander ausbacken.

Das passt dazu Zu den Pfannkuchen passt eine herzhafte Beilage, wie z. B. der Kräuterdip (Seite 117) oder der Koriander-Limetten-Dip (Seite 118).

Nährwerte pro Stück
255 kcal • 14 g E • 11 g F • 25 g KH

Orientalisch mit Kreuzkümmel

Hackfleischspieße

Für 2 Portionen • gelingt leicht
20 Min.

1 Knoblauchzehe • 1 Lauchzwiebel • 150 g Hackfleisch • 50 g Joghurt • 20 g Semmelbrösel • Salz • Pfeffer • ½ TL Kreuzkümmel • 1 EL Rapsöl • außerdem: 4 Holzspieße

- Knoblauch schälen und fein hacken. Lauchzwiebel waschen, trocken tupfen und in Röllchen schneiden.

- Hackfleisch mit Joghurt, Semmelbröseln, Knoblauch und Lauchzwiebeln vermengen, mit Salz, Pfeffer und Kreuzkümmel abschmecken.

- Die Masse in 4 Portionen aufteilen und fest um die Spieße drücken. Öl in einer beschichteten Pfanne erhitzen, Spieße darin anbraten.

Das passt dazu Ajvar oder der Koriander-Limetten-Dip (Seite 118) und ein kleiner Blattsalat

Nährwerte pro Portion (2 Spieße)
270 kcal • 18 g E • 18 g F • 5 g KH

Tipp Sie können die Spieße auch mit Öl bestreichen und auf dem geölten Grillrost 6–8 Min. rundum grillen.

Köstlich mit Gemüse

Schnelle Hackfleischpfanne

Für 2 Portionen • geht schnell
20 Min.

1 Knoblauchzehe • 1 Schalotte • 100 g Paprika • 100 g Tomate • 1 Stängel Rosmarin • 1 TL Rapsöl • 300 g Hackfleisch • Salz • Pfeffer

- Knoblauchzehe und Schalotte schälen und fein hacken. Paprika waschen, putzen, Samen und weiße Häutchen entfernen, in Würfel schneiden. Tomate waschen, halbieren und würfeln. Rosmarin waschen, trocken tupfen, Nadeln abzupfen und grob hacken.

- Rapsöl in einer Pfanne erhitzen, Knoblauch und Schalotte darin glasig dünsten. Hackfleisch zugeben und anbraten, mit Salz und Pfeffer würzen, Rosmarin dazugeben. Paprika und Tomaten hinzufügen und mitgaren.

Das passt dazu Reis oder Nudeln passen besonders gut zur Hackfleischpfanne.

Nährwerte pro Portion
260 kcal • 22 g E • 17 g F • 4 g KH

Einfach, schnell und lecker

Nudel-Lauch-Pfanne

Für 2 Portionen • gelingt leicht
30 Min.

100 g Nudeln, gekocht (z. B. Mini Penne; 40 g Rohgewicht) • 80 g Lauch • 50 g Tomate • 2 Stängel Petersilie • 20 g Emmentaler • 2 Eier • Salz • Pfeffer • 1 EL Rapsöl

- Nudeln kochen. Lauch waschen und in kleine Ringe schneiden. Tomate waschen und in kleine Würfel schneiden. Petersilie waschen, trocken tupfen und fein hacken.
- Emmentaler reiben. Eier verquirlen, mit Salz und Pfeffer würfen und den Käse unterrühren.
- Öl in einer Pfanne erhitzen, Lauch darin andünsten, Tomaten dazugeben und kurz mitgaren.
- Nudeln dazugeben, die Eiermischung darübergießen und stocken lassen. Mit gehackter Petersilie bestreuen.

Nährwerte pro Portion
250 kcal • 14 g E • 14 g F • 17 g KH

Tipp Wenn Sie noch gekochte Nudeln vom Vortag übrig haben, geht's richtig schnell. Die Nudelpfanne schmeckt auch lecker, wenn Sie anstatt Lauch Zucchini, Spinat oder Pilze verwenden.

Ein Genuss

Nudel-Lachs-Pfanne

Für 4 Portionen • gelingt leicht
30 Min.

120 g Nudeln, gekocht (z. B. Penne Mini; ca. 50 g Rohgewicht) • 1 Knoblauchzehe • 200 g Zucchini • 150 Lachs • 1 EL Zitronensaft • Salz • Pfeffer • 3 Stängel glatte Petersilie • 30 g Parmesan • 1 EL Rapsöl • 100 ml Sahne

- Nudeln in Salzwasser garen. Knoblauch schälen und fein hacken. Zucchini waschen und in kleine Würfel schneiden.
- Lachs in kleine Würfel schneiden, mit dem Zitronensaft beträufeln und mit Salz und Pfeffer würzen.
- Petersilie waschen, trocken tupfen und hacken. Parmesan reiben.
- Öl in einer Pfanne erhitzen, Knoblauch darin leicht anbraten, Zucchiniwürfel dazugeben und mitdünsten. Sahne dazugeben, mit Salz und Pfeffer würzen, leicht köcheln lassen.
- Nudeln und Lachswürfel dazugeben, Deckel auf die Pfanne geben und den Fisch bei geringer Hitze ca. 3–4 Min. garen lassen. Mit Petersilie und Parmesan bestreuen.

Variante Anstatt Zucchini können Sie wunderbar auch Lauch verwenden. Dann schmeckt die Nudel-Lachs-Pfanne etwas herzhafter.

Nährwerte pro Portion
260 kcal • 13 g E • 18 g F • 12 g KH

Nudel-Lachs-Pfanne

Gemüse-Reispfanne mit Hähnchen

Die Extra-Portion Eiweiß

Gemüse-Reispfanne mit Hähnchen

Für 4 Portionen • gelingt leicht
30 Min.

60 g Reis, Rohgewicht (ca. 200 g Reis, gekocht) • 1 Lauchzwiebel • 1 Knoblauchzehe • 1 rote Paprika • 150 g Champignons • 2 Stängel Petersilie • 400 g Hähnchenbrustfilet • Salz • Pfeffer • 2 EL Rapsöl

- Reis kochen. Lauchzwiebel waschen, trocken tupfen und in Röllchen schneiden. Knoblauch schälen und fein hacken.
- Paprika waschen, putzen, Samen und weiße Häutchen entfernen und in kleine Würfel schneiden. Pilze säubern und vierteln. Petersilie waschen, trocken tupfen und hacken.
- Hähnchenbrustfilet waschen, trocken tupfen, in Würfel schneiden und mit Salz und Pfeffer würzen. Öl in einer Pfanne erhitzen, Fleisch darin kross anbraten, herausnehmen und beiseitestellen.
- Lauchzwiebel und Knoblauch im selben Fett anbraten, Paprika und Pilze hinzufügen und mit anbraten. Mit Salz und Pfeffer würzen.
- Hähnchenfleisch und Reis dazugeben und mit der gehackten Petersilie bestreuen.

Variante Das Gemüse können Sie nach Belieben variieren.

Nährwerte pro Portion
220 kcal • 26 g E • 6 g F • 14 g KH

Eine tolle Kombination

Hähnchenstreifen mit Sesam

Für 4 Portionen • geht schnell
20 Min.

400 g Hähnchenbrustfilet • Salz • Pfeffer • 6 EL Sesam • 2 EL Rapsöl

- Hähnchenbrustfilet waschen, trocken tupfen und in ca. 2 cm dicke Streifen schneiden. Mit Salz und Pfeffer würzen und in Sesam wenden.
- Öl in einer Pfanne erhitzen, Hähnchenstreifen darin ca. 6–8 Min. kross anbraten.

Das passt dazu ein kleiner Beilagensalat und eine kleine Scheibe Baguette

Nährwerte pro Portion
205 kcal • 26 g E • 11 g F • 1 g KH

Nussig, erdig – ein köstliches Wintergemüse

Pastinakenpüree mit Kabeljau

Für 2 Portionen • gelingt leicht
30 Min.

125 g Pastinaken • Salz • 160 g Kabeljaufilet • Saft von ½ Zitrone • 100 g Brokkoli • 1 Knoblauchzehe • 1 TL Olivenöl • Pfeffer • 1 TL Rapsöl • Kräuter der Provence • 50 ml Milch • 1 TL Butter • Muskat

- Pastinaken schälen und in ½ cm dicke Scheiben schneiden. Mit Salz und wenig Wasser zugedeckt in ca. 15 Min. weich dünsten und abgießen. Kabeljaufilet waschen, mit Zitronensaft säuern und salzen.

- Brokkoli als Röschen schneiden. Knoblauch schälen und fein hacken. Brokkoli in etwas Wasser bissfest garen. Mit 1 TL Olivenöl beträufeln, mit Salz und Pfeffer würzen.

- 1 TL Rapsöl in einer Pfanne erhitzen, Kabeljaufilet darin anbraten, kurz vor Bratende Knoblauch hinzufügen und mit Salz, Pfeffer und Kräutern der Provence würzen.

- Milch in einen Topf geben, Butter hinzufügen, Pastinaken dazugeben und alles fein pürieren oder mit dem Kartoffelstampfer zerstampfen. Mit Salz, Pfeffer und Muskat würzen.

Variante schmeckt auch toll mit Lachsfilet anstatt Kabeljau

Nährwerte pro Portion
205 kcal • 18 g E • 9 g F • 11 g KH

Mit der Frucht der Götter

Joghurt mit Granatapfel

Für 4 Portionen • gelingt leicht
15 Min.

250 g Joghurt • 250 g Magerquark • 1 EL Zucker • ½ Granatapfel • 40 g Walnüsse

- Joghurt mit Quark und Zucker mit dem Handrührgerät oder Schneebesen cremig rühren.

- Aus dem Granatapfel die Kerne herauslösen und mit der Joghurtcreme vermischen.

- Walnusskerne in einer Pfanne ohne Fett leicht anrösten.

- Joghurtcreme auf 4 Schälchen verteilen und mit den Walnusskernen bestreuen.

Nährwerte pro Portion
190 kcal • 13 g E • 10 g F • 12 g KH

Cremig und fruchtig

Quarkcreme mit Mango

Für 4 Portionen • gelingt leicht
⏲ 15 Min.

250 g Magerquark • 150 g Joghurt • 1 Pck. Vanillinzucker • 10 g Zucker • 100 g Sahne • 150 Mango

- Quark und Joghurt cremig rühren, Vanillinzucker und Zucker unterrühren.

- Sahne steif schlagen und unter die Quarkmasse heben. Mangofruchtfleisch pürieren.

- Die Creme auf 4 Schälchen verteilen, das Mangopüree gleichmäßig darauf verteilen.

Variante Die Creme schmeckt auch lecker mit Erdbeeren, Himbeeren, Heidelbeeren oder Aprikosen statt Mango.

Nährwerte pro Portion
185 kcal • 11 g E • 10 g F • 12 g KH

Die schnelle Variante

Frozen Joghurt 1

Für 2 Portionen • geht schnell
⏲ 10 Min.

150 g Joghurt • 150 g TK-Himbeeren • 1 Pck. Vanillinzucker

- Joghurt, Himbeeren und Vanillinzucker in einen Mixer geben und pürieren.

Variante Anstatt Himbeeren können Sie auch wunderbar gefrorene Heidelbeeren oder gemischte Beeren verwenden.

Nährwerte pro Portion
90 kcal • 4 g E • 3 g F • 8 g KH

VERWÖHNGERICHTE FÜR FAMILIE UND FREUNDE

Es geht nichts über ein gemütliches Essen mit der Familie oder mit Freunden. Man isst mit Ruhe, genießt zusammen, lacht und erzählt.

Sie finden hier leckere Gerichte, die leicht nachzukochen sind. Manche sind vielleicht etwas aufwendiger, aber es ist gut investierte Zeit.

Es ist eine bunte Rezeptvielfalt, für herzhafte und süße Gerichte, für große und kleine Feinschmecker. Sie finden viele vegetarische Gerichte mit leckeren und gesunden Hülsenfrüchten, die sicherlich der ganzen Familie schmecken. Es gibt Mini-Burger, Sommerrollen, Quarkspätzle, herzhafte Kohlrouladen, Falafel, Lachslasagne, leckere Lupinenbratlinge, einen unwiderstehlichen Topfenstrudel und eine verführerische Quark-Torte mit Himbeeren. Sie sehen, es ist für jeden etwas dabei.

Viel Spaß beim Ausprobieren und Genießen!

« Mini-Burger (Seite 66)

Klein, fein, lecker

Burger-Brötchen

Für 12 Stück • braucht etwas mehr Zeit

15 Min. + insg. 70 Min. Ruhezeit + 15 Min. Backzeit

100 g Mehl • 130 g Vollkornmehl • 20 g Hartweizengrieß • 1 Prise Salz • 50 ml Milch • 50 ml Wasser • 1/4 Würfel Hefe • 1 Prise Zucker • 1 Ei • 40 g Butter • 1 Eigelb • 1 EL Milch • Sesam zum Bestreuen

- Mehl, Grieß und Salz in eine Schüssel geben und vermischen. Eine Mulde in die Mitte drücken.
- Milch und Wasser vermischen, leicht erwärmen (lauwarm), Hefe und Zucker zugeben und verrühren. Mischung in die Mulde geben und leicht mit Mehl bestreuen. Schüssel mit einem Küchentuch abdecken und für ca. 30 Min. an einen warmen Ort stellen.
- Ei verquirlen, Butter in Stücke schneiden und beides in die Schüssel geben. Mit den Knethaken des Handrührgerätes zu einem Teig verarbeiten. Diesen zu einer Kugel formen und weitere 40 Min. abgedeckt gehen lassen.
- Backofen auf 200 Grad vorheizen. Den Teig in 12 gleich große Stücke aufteilen und jedes vorsichtig zu einer Kugel formen. Auf ein mit Backpapier ausgelegtes Backblech setzen.
- Eigelb mit Milch verrühren, die Kugeln damit bestreichen und mit Sesam bestreuen. Brötchen auf der mittleren Schiene im Backofen in ca. 12–15 Min. goldgelb backen.

Nährwerte pro Portion

105 kcal • 3 g E • 4 g F • 14 g KH

Mit der kleinen, roten Bohne

Mini-Burger

Für 12 Stück • gut vorzubereiten

30 Min. + 12 Stdn. Einweichzeit + 40 Min. Kochzeit

100 g Azukibohnen • 1 Schalotte • 1 Knoblauchzehe • 1 TL Rapsöl • 2 TL Senf • 1 EL Zitronensaft • Salz • Pfeffer • Kräuter der Provence • 50 g Paniermehl • 2 EL Rapsöl zum Braten • 12 Burger-Brötchen • 12 kleine Salatblätter • 12 Scheiben Gurke • 12 Scheiben Tomaten (von kleinen Tomaten) • 12 TL Burger-Sauce

- Azukibohnen über Nacht in reichlich Wasser einweichen, Einweichwasser verwerfen und in frischem Wasser ca. 40 Min bei leichter Hitze garen und anschließend abgießen.
- Schalotte und Knoblauch schälen und fein hacken. Rapsöl in einer Pfanne erhitzen, beides darin glasig dünsten und zu den gegarten Bohnen geben.
- Senf, Zitronensaft, Salz, Pfeffer und Kräuter der Provence zu den Bohnen geben und kräftig verkneten. Paniermehl unterkneten und 12 kleine Bratlinge aus der Bohnenmasse formen.
- Öl in einer Pfanne erhitzen und Bratlinge darin von jeder Seite anbraten. Die Burger-Brötchen durchschneiden, mit Salat, Bohnenbratling, Gurken, Tomaten und Burger-Sauce belegen.

Nährwerte pro Burger

170 kcal • 5 g E • 6 g F • 22 g KH

Tipp Azukibohnen sind nicht in jedem Supermarkt erhältlich. Stattdessen können Sie auch gut Kidneybohnen verwenden.

Ein mediterraner Genuss

Rosmarinkartoffeln mit Grillkäse

Für 2 Portionen • gelingt leicht
⏲ 10 Min. + 30–40 Min. Backzeit

1 Stängel Rosmarin • 160 g Kartoffeln • 1 TL Olivenöl • grobes Salz • 200 g Grillkäse • 1 TL Rapsöl

- Backofen auf 200 Grad vorheizen. Rosmarin waschen, trocken tupfen und die Nadeln abzupfen.

- Kartoffeln gut waschen, längs halbieren. Die Schnittfläche mit Öl beträufeln, mit Salz und Rosmarin bestreuen.

- Mit der Schnittfläche nach oben auf ein Backblech legen, im Ofen ca. 30–40 Min. backen. Rapsöl in einer Pfanne erhitzen, Grillkäse anbraten.

Das passt dazu ein kleiner Blattsalat

Nährwerte pro Portion
485 kcal • 29 g E • 35 g F • 13 g KH

Tipp Wenn Sie als Grillkäse Halloumi verwenden, dann diesen in dünne Scheiben schneiden und anbraten.

Knusprig überbackene Ecken

Polenta mit Parmesan

Für 8 Portionen • gut vorzubereiten
⏲ 20 Min. + 20 Min. Kühlzeit + 20 Min. Backzeit

50 g Parmesan • 250 ml Milch (3,5 % Fett) • 20 g Butter • Salz • Pfeffer • Muskatnuss • 75 g Polenta (Maisgrieß) • 1 EL Olivenöl

- Ein Backblech mit Backpapier belegen. Parmesan fein reiben.

- Milch, Butter, Salz, Pfeffer und frisch geriebene Muskatnuss in einen Topf geben, mischen und aufkochen. Polenta unter Rühren mit einem Schneebesen langsam einrühren. (Vorsicht, kann spritzen!)

- Einmal aufkochen lassen und vom Herd nehmen. Die Hälfte des Parmesans unterrühren.

- Polenta-Masse auf das Backblech geben und mit einem Teigschaber zu einem runden, ca. 1 ½ cm dicken Fladen verstreichen. Abkühlen lassen.

- Backofen auf 220 Grad vorheizen. Polenta in 8 Tortenstücke schneiden, diese leicht auseinanderziehen und mit dem restlichen Parmesan bestreuen. Mit Olivenöl beträufeln.

- Im Ofen auf der mittleren Schiene in 20 Min. knusprig überbacken.

Das passt dazu kurzgebratenes Fleisch und ein kleiner Beilagensalat

Nährwerte pro Stück
110 kcal • 4 g E • 7 g F • 9 g KH

Knusprig aus dem Backofen

Süßkartoffel-Pommes

Für 4 Portionen • gelingt leicht
⏲ 15 Min. + 20 Min. Backzeit

500 g Süßkartoffeln • 1 EL Stärke • 1 TL Salz • 1 EL Rapsöl

● Backofen auf 200 Grad (Umluft 180 Grad) vorheizen. Süßkartoffeln schälen und in die übliche Pommesform schneiden.

● Für knusprige Pommes die Kartoffelstücke zusammen mit der Stärke in einen Gefrierbeutel geben und gut miteinander vermischen.

● Die Pommes anschließend in eine Schüssel geben und mit Salz und Öl vermengen.

● Ein Backblech mit Backpapier auslegen, die Pommes darauf verteilen, sie sollten nicht übereinanderliegen.

● Die Pommes 20 Min. backen, gegen Ende der Backzeit regelmäßig kontrollieren, da sie schnell zu dunkel werden können.

Das passt dazu Kräuterdip (Seite 117) oder die Avocadocreme mit Koriander (Seite 114)

Nährwerte pro Portion
130 kcal • 1 g E • 3 g F • 23 g KH

Die etwas andere Ofenkartoffel

Süßkartoffel mit Ziegenkäse

Für 4 Portionen • braucht etwas mehr Zeit
⏲ 10 Min. + insg. 45 Min Backzeit

2 kleinere Süßkartoffeln • 2 EL Olivenöl • Kräutersalz • 4 Stängel glatte Petersilie • 30 g Parmesan • 100 g Ziegenfrischkäse • 1 TL Zitronensaft • 1 TL Paprikapulver, edelsüß • Pfeffer

● Backofen auf 180 Grad vorheizen. Süßkartoffeln waschen und halbieren. Die Hälften in eine feuerfeste Form geben, mit Olivenöl beträufeln, mit etwas Kräutersalz bestreuen und im Ofen 30 Min. backen.

● In der Zwischenzeit die Petersilienstängel waschen, trocken tupfen und fein hacken. Parmesan reiben.

● Den Ziegenfrischkäse zerbröseln, in eine Schüssel geben und mit dem Parmesan und der gehackten Petersilie vermengen. Zitronensaft zugeben. Mit Paprikapulver und gemahlenem Pfeffer abschmecken.

● Süßkartoffeln aus dem Ofen nehmen. Die Ziegenfrischkäsemischung gleichmäßig auf den Hälften verteilen und weitere 15 Min. im Ofen backen.

Nährwerte pro Portion
235 kcal • 7 g E • 11 g F • 25 g KH

Süßkartoffel mit Ziegenkäse

Fruchtiger Rosenkohl-Salat

Ein Muss für Fans des kleinen Kohls

Fruchtiger Rosenkohl-Salat

Für 4 Portionen • braucht etwas mehr Zeit
⏲ 30 Min. + 2 Min. Kochzeit + 30 Min. Ziehzeit

250 g Rosenkohl • Salz • 2 EL Balsamico, weiß • 1 TL Honig • 3 EL Walnussöl • Salz • Pfeffer • 25 g Walnusskerne • 150 g dunkle Trauben, kernlos • 60 g Ziegenfrischkäse

- Rosenkohl waschen, Blättchen ablösen und in kochendes Salzwasser geben und ca. 2–3 Min. garen, abgießen und abtropfen lassen.

- Essig, Honig und Walnussöl verrühren, mit Salz und Pfeffer würzen, vorsichtig mit dem Rosenkohl vermengen und ca. 30 Min. durchziehen lassen.

- In der Zwischenzeit Walnusskerne hacken und in einer Pfanne ohne Fett rösten. Trauben waschen, halbieren und unter den Salat heben.

- Salat anrichten, die Walnusskerne darüberstreuen. Ziegenkäse zerbröseln und ebenfalls über den Salat streuen.

Das passt dazu eine kleine Scheibe Brot

Nährwerte pro Portion
230 kcal • 6 g E • 14 g F • 15 g KH

Erfrischend mit Petersilie

Weißer Riesenbohnensalat mit Thunfisch

Für 4 Portionen • gelingt leicht
⏲ 15 Min. + 12 Std. Einweichzeit + 60 Min. Kochzeit

175 g Riesenbohnen, getrocknet • 1 Knoblauchzehe • 2–3 Stängel glatte Petersilie • ½ Dose Thunfisch, naturell (= 75 g Abtropfgewicht) • 2 EL Olivenöl • 2 EL Balsamico, weiß • Salz • Pfeffer

- Die Bohnen über Nacht einweichen. Am nächsten Tag Einweichwasser abgießen und die Bohnen in reichlich frischem Wasser ca. 1 Std. garen, bis sie weich sind. Bohnen abtropfen lassen und lauwarm abkühlen.

- Knoblauchzehe schälen und fein hacken. Petersilie waschen, trocken tupfen und fein hacken. Thunfisch abtropfen lassen und zerzupfen.

- Bohnen mit Öl, Essig, Knoblauch, Petersilie und Thunfisch vermischen, mit Salz und Pfeffer würzen.

Das passt dazu eine kleine Scheibe geröstetes Weißbrot

Nährwerte pro Portion
95 kcal • 9 g E • 7 g F • 12 g KH

So viel Zeit muss sein

Quarkspätzle

Für 10 Portionen • gut vorzubereiten
⏲ 15 Min. + 30 Min. Quellzeit + 30 Min. Garzeit

200 g Spätzlemehl • Salz • 75 g Magerquark • 70 ml Milch (3,5 %) • 2 Eier

- Mehl mit 1 TL Salz vermischen. Quark, Milch und Eier zugeben und zu einem zähreißenden, glatten Teig verarbeiten. 30 Min. quellen lasen.

- Wasser in einem großen Topf zum Kochen bringen und Salz zugeben. Teig mit einer Spätzlepresse in das kochende Wasser geben.

- Spätzle aufkochen lassen, mit einer Schaumkelle herausnehmen und in eine Schüssel mit kaltem Wasser geben. Abgießen.

Nährwerte pro Portion
95 kcal • 5 g E • 2 g F • 15 g KH

Tipp Spätzle können gut portionsweise eingefroren werden.

Ein Gruß aus Schwaben

Kässpätzle

Für 2 Portionen • geht schnell
⏲ 15 Min.

1 kleine Zwiebel • 1 TL Rapsöl • 130 g Quarkspätzle • 40 g geriebener Emmentaler

- Zwiebel schälen und in Ringe schneiden. Öl in einer Pfanne erhitzen, Zwiebeln darin leicht anbraten und herausnehmen.

- Spätzle in der Pfanne leicht anbraten, geriebenen Käse dazugeben und mit den Spätzle vermischen.

- Wenn der Käse geschmolzen ist, die gebratenen Zwiebeln dazugeben.

Das passt dazu ein kleiner Beilagensalat

Nährwerte pro Portion
195 kcal • 10 g E • 10 g F • 16 g KH

Probieren Sie mal Süßlupinen!

Lupinenbratlinge

Für 6 Bratlinge • gelingt leicht
40 Min.

100 g Süßlupinenschrot • 175 ml Wasser • 65 g Karotte • 2 Lauchzwiebeln • 1 Knoblauchzehe • 1 TL Rapsöl • 30 g Parmesan • 40 g Mehl • 1 Ei • Salz • Pfeffer • 1 EL Rapsöl

- Süßlupinenschrot in eine Schüssel geben, mit 175 ml heißem Wasser bedecken und zugedeckt 15–20 Min. quellen lassen.

- Karotte schälen und fein reiben. Lauchzwiebeln waschen, trocken tupfen und in Röllchen schneiden. Knoblauch schälen und fein hacken.

- Rapsöl in einer beschichteten Pfanne erhitzen, Lauchzwiebeln und Knoblauch darin glasig dünsten. Parmesan reiben.

- Süßlupinenschrot, Mehl, Ei, Parmesan, Zwiebeln und Knoblauch in einer Schüssel verrühren, mit Salz und Pfeffer würzen.

- Aus der Masse 6 Bratlinge formen. Öl in einer Pfanne erhitzen, Bratlinge von jeder Seite anbraten.

Das passt dazu Koriander-Limetten-Dip (Seite 118) oder Kräuterdip (Seite 117) und ein kleiner Blattsalat

Nährwerte pro Bratling
150 kcal • 11 g E • 7 g F • 8 g KH

Erbse trifft Minze

Frittata mit Erbsen

Für 3 Portionen • gelingt leicht
15 Min. + 15–20 Min. Backzeit

1 Schalotte • 1 Knoblauchzehe • 10 Blätter Minze • 50 g Zuckerschoten • 1 EL Olivenöl • 150 g TK-Erbsen • 1 EL Wasser • 30 g Parmesan • 4 Eier • 1 EL Milch • Salz • Pfeffer

- Backofen auf 200 Grad vorheizen. Schalotte und Knoblauchzehe schälen und fein würfeln. Minzblätter waschen, trocken tupfen und fein hacken. Zuckerschoten waschen und halbieren.

- Öl in einer Pfanne erhitzen, Schalotte, Knoblauch und die Hälfte der Minzblätter darin andünsten. Zuckerschoten, Erbsen und Wasser hinzufügen und ca. 2–3 Min. braten.

- Parmesan reiben. Eier mit Milch verquirlen, Parmesan hinzufügen, mit Salz und Pfeffer würzen. Restliche Minzblätter dazugeben.

- Erbsen-Mischung in eine runde ofenfeste Form geben, Ei-Mischung darübergießen und die Frittata auf mittlerer Schiene ca. 15–20 Min. goldgelb backen.

Nährwerte pro Portion
245 kcal • 17 g E • 14 g F • 11 g KH

Tipp Falls Sie keine Zuckerschoten haben, können Sie insg. 200 g Erbsen verwenden. Die Frittata schmeckt auch kalt am nächsten Tag.

Lecker mit Linsen gefüllt

Kohlrouladen

Für 8 Rouladen • braucht etwas mehr Zeit
1 Std. + 40 Min. Schmorzeit

- 2 Zwiebeln
- 4 EL Rapsöl
- 125 g rote Linsen
- 250 ml Gemüsebrühe
- Salz
- 1 Weißkohl
- 1 Bund glatte Petersilie
- 100 g Feta
- 6 TL mildes Ajvar
- Pfeffer
- 4 Paprika (3 rote, 1 grüne)
- 200 ml Gemüsebrühe

● Eine Zwiebel schälen und fein hacken. 1 EL Rapsöl in einem Topf erhitzen, Zwiebeln andünsten, Linsen zugeben, mit Gemüsebrühe ablöschen, kurz aufkochen und zugedeckt bei leichter Hitze in ca. 10–12 Min. bissfest garen. Mit Salz würzen.

● Den Kohlkopf putzen, den Strunk gerade schneiden. in einem hohen Topf wenig Salzwasser aufkochen, den Kohlkopf zugedeckt etwa 20 Min. dämpfen, bis sich die Blätter einzeln ablösen lassen.

● Kohlkopf herausnehmen, kalt überbrausen, Blätter einzeln ablösen, starke Rippen abflachen oder herausschneiden.

● Petersilie waschen, trocken tupfen und fein hacken. Feta grob zerbröseln, beides mit den Linsen vermischen, 2 TL Ajvar hinzufügen, mit Salz und Pfeffer kräftig abschmecken.

● Auf ein Kohlblatt jeweils ein kleines legen, mit 1–2 EL der Linsenfüllung belegen, die Seitenränder einschlagen und aufrollen. Mit Küchengarn zu Päckchen binden.

● Die zweite Zwiebel schälen und fein hacken.

● Paprika waschen, putzen, die Samen und weißen Häutchen entfernen und in grobe Würfel schneiden.

● 3 EL Rapsöl in einem Bräter erhitzen, Kohlrouladen darin rundherum hellbraun anbraten, herausnehmen.

● Im selben Fett die Zwiebel anschwitzen, Paprikawürfel hinzufügen und mit anbraten. Mit Salz und Pfeffer würzen, 4 TL Ajvar dazugeben und mit der Gemüsebrühe auffüllen.

● Rouladen daraufsetzen und bei mittlerer Hitze ca. 40 Min. schmoren.

Das passt dazu eine kleine Portion Kartoffelpüree oder Reis

Nährwerte pro Roulade
190 kcal • 8 g E • 10 g F • 15 g KH

Kohlrouladen

Mangoldquiche mit Feta

Knuspriger Teig mit herzhafter Füllung

Mangoldquiche mit Feta

Für 4 Portionen • gut vorzubereiten
⏲ 45 Min. + 40 Min. Backzeit

Für den Boden
- 50 g kalte Butter
- 45 g Magerquark
- ¼ TL Salz
- 100 g Vollkornmehl

Für den Belag
- 200 g Mangold
- 1 rote Zwiebel
- 1 Knoblauchzehe
- ½ rote Paprika
- 1 TL Butter
- 2 Eier
- 100 g Schmand
- 75 g Schafskäse
- Salz
- Pfeffer

● Backofen auf 180 Grad vorheizen.

● Butter in Flöckchen schneiden, mit Quark, Salz und Mehl in eine Schüssel geben, zu einem Teig kneten und auf einer bemehlten Arbeitsfläche dünn ausrollen.

● Eine Springform oder Quicheform (ca. 24–26 cm Durchmesser) fetten, Teig hineinlegen und einen kleinen Rand hochdrücken. Im Ofen 15 Min. vorbacken.

● Mangold waschen und die Stiele abschneiden. Die Stiele in feine Streifen schneiden. Die Blätter ebenfalls in feine Streifen schneiden und zur Seite stellen.

● Zwiebel und Knoblauch schälen und fein hacken.

● Paprika waschen, putzen, Samen und weiße Häutchen entfernen, in Würfel schneiden.

● Butter in einer Pfanne erhitzen, Zwiebeln und Knoblauch darin glasig dünsten, Mangoldstiele und Paprika hinzufügen, einige Minuten mitdünsten.

● Mangoldblätter dazugeben und kurz mitgaren.

● Eier und Schmand verrühren, Feta hineinbröseln, mit Salz und Pfeffer abschmecken.

● Die Mangoldmasse in die Form geben, gleichmäßig verteilen und mit der Eimasse übergießen.

● Im Ofen bei 180 Grad für 40 Min. weiterbacken, bis die Füllung gestockt ist.

Nährwerte pro Portion
360 kcal • 13 g E • 25 g F • 19 g KH

Mit Omega-3-Fettsäuren

Wraps

Für 4 Stück • gelingt leicht
25 Min. + 20 Min. Ruhezeit

Für den Teig:
125 g Vollkornmehl • 250 ml Milch (3,5 % Fett) • 1 Ei • 1 Prise Salz • Butterschmalz zum Ausbacken

Für die Füllung:
1 Mini-Römersalat • 1 Avocado • 100 g Räucherlachs • 4 EL Schmand • 2 EL Petersilie, gehackt (frisch oder TK) • 1 EL Zitronensaft • Salz • Pfeffer

- Für den Teig Mehl, Milch, Ei und Salz in eine Schüssel geben und zu einem glatten, flüssigen Teig rühren. Den Teig abgedeckt ca. 20 Min ruhen lassen.

- Salat waschen, trocken schleudern und in Streifen schneiden. Avocado halbieren, entkernen, Fruchtfleisch aus der Schale lösen und in Spalten schneiden. Lachs in Streifen schneiden.

- In einer großen beschichteten Pfanne etwas Butterschmalz erhitzen und nacheinander 4 dünne Pfannkuchen ausbacken. Etwas abkühlen lassen.

- Jeden Wrap mit Schmand bestreichen und mit Petersilie bestreuen. Salat, Avocado und Lachs darauf verteilen. Mit Zitronensaft beträufeln und mit Salz und Pfeffer würzen. Den Wrap von einer Seite etwas über die Füllung klappen und dann von unten her fest aufrollen.

Nährwerte pro Portion (1 Wrap)
245 kcal • 9 g E • 12 g F • 24 g KH

Einfach köstlich!

Sommerrolle mit Garnelen

Für 4 Rollen • braucht etwas mehr Zeit
40 Min.

25 g Reisnudeln, Rohgewicht • ½ Römersalatherz • 75 g Gurke • ½ Avocado • 80 g Garnelen • 4 große Reispapierblätter • 12 Blättchen Minze

- Reisnudeln in kochendes Wasser geben und 3–4 Min. ziehen lassen. In ein Sieb abgießen und mit kaltem Wasser abschrecken und abtropfen lassen.

- Beim Salat den Strunk keilförmig herausschneiden, Blätter waschen, schleudern und in Streifen schneiden. Gurke längs halbieren, Kerne herauskratzen und Gurke in dünne ca. 4 cm lange Stifte schneiden. Avocado schälen und in dünne Streifen schneiden.

- Garnelen in kochendem Wasser 1 Min. blanchieren, abschrecken, abtropfen lassen und waagrecht halbieren.

- Ein Reispapierblatt für ein paar Sekunden in Wasser legen, herausnehmen und für 1–2 Min. auf ein Tuch legen, bis es biegsam ist.

- Reispapier auf einen Teller legen, mittig mit Salat, Nudeln, Gurke, Avocado, Garnelen und Minze belegen. Erst die Seiten einschlagen, dann das Reispapier mit der langen Seite über die Füllung legen und alles stramm aufrollen. Die restlichen Reispapierblätter ebenso einweichen, füllen und aufrollen.

Das passt dazu Erdnusssoße oder Chilisauce

Nährwerte pro Rolle
90 kcal • 5 g E • 3 g F • 7 g KH

Lecker und leicht!

Sommerrolle mit Ei

Für 4 Rollen • braucht etwas mehr Zeit
⏲ 40 Min.

2 Eier • 1 TL Sojasauce • Salz • Pfeffer • 1 TL Rapsöl • 1 TL Sesam • ½ Römersalatherz • 75 g Gurke • ½ Avocado • 4 große Reispapierblätter • 12 Blättchen Minze

- Eier mit Sojasauce verrühren und mit Salz und Pfeffer würzen. Öl in einer Pfanne erhitzen, Eimasse hineingeben, mit Sesam bestreuen und bei kleiner Hitze stocken lassen. Omelette wenden.

- Beim Salat den Strunk herausschneiden, Blätter waschen, schleudern und in Streifen schneiden. Gurke längs halbieren, Kerne mit einem Teelöffel herauskratzen und Gurke in dünne ca. 4 cm lange Stifte schneiden.

- Avocado schälen und in dünne Streifen schneiden. Das abgekühlte Omelette in schmale Streifen schneiden.

- Ein Reispapierblatt für ein paar Sekunden in Wasser legen, herausnehmen und für 1–2 Min. auf ein Tuch legen, bis es biegsam ist.

- Reispapier auf einen Teller legen, mittig mit Salat, Gurke, Avocado, Omelette und Minze belegen. Erst die Seiten einschlagen, dann das Reispapier mit der langen Seite über die Füllung legen und alles stramm aufrollen. Die restlichen Reispapierblätter ebenso einweichen, füllen und aufrollen.

Das passt dazu Erdnusssoße oder Chilisauce

Nährwerte pro Rolle
110 kcal • 5 g E • 7 g F • 2 g KH

Verfeinert asiatische Gerichte

Erdnusssoße

Für 6 Portionen • geht schnell
⏲ 15 Min.

1 Schalotte • 1 cm frischer Ingwer • ½ Limette • ½ EL Rapsöl • 1 Knoblauchzehe • 200 ml Kokosmilch • 40 g Erdnussmus • 1–2 TL Sambal Olek • Salz

- Schalotte und Ingwer schälen und fein hacken, Limette auspressen.

- Öl in einem Topf erhitzen, Schalotte und Ingwer darin anbraten. Knoblauch schälen, pressen und dazugeben.

- Kokosmilch und Erdnussmus dazugeben, einrühren und bei leichter Hitze 10 Min. köcheln lassen. Soße mit Sambal Olek, Limettensaft und Salz abschmecken.

Nährwerte pro Portion
125 kcal • 2 g E • 12 g F • 2 g KH

Tipp schmeckt kalt genauso gut wie warm

Einfach nur gut

Lachswürfel in Honig-Limette

Für 2 Portionen • gelingt leicht
15 Min. + 2 Std. Marinierzeit

250 g Lachsfilet • ½ EL Olivenöl • 1 EL Honig • ½ TL Chiliflocken • 1 EL Limettensaft • ½ TL Paprikapulver, edelsüß • Kräuter der Provence • Salz • Pfeffer • ½ EL Olivenöl

- Lachs waschen und in Würfel schneiden.

- Olivenöl mit Honig, Chiliflocken, Limettensaft und Paprikapulver verrühren. Mit Kräutern der Provence, Salz und Pfeffer abschmecken.

- Lachswürfel in die Marinade geben, darin wenden und 2 Std. im Kühlschrank durchziehen lassen.

- Öl in einer Pfanne erhitzen, Lachswürfel darin leicht anbraten.

Das passt dazu ein kleiner Beilagensalat

Nährwerte pro Portion
305 kcal • 25 g E • 20 g F • 5 g KH

Schmeckt einfach toll

Spinat-Lachs-Lasagne

Für 8 Portionen • gut vorzubereiten
30 Min. + 30 Min. Backzeit

1 Schalotte • 1 Knoblauchzehe • 600 g Spinat (frisch oder TK) • 1 EL Olivenöl • 50 ml Gemüsebrühe • Salz • Pfeffer • 250 g Lachs • 1 EL Butter • 1 EL Mehl • 200 ml Milch (3,5 % Fett) • 120 g Lasagneplatten • 50 g Emmentaler, gerieben

- Backofen auf 160 Grad vorheizen. Schalotte und Knoblauchzehe schälen und fein hacken. Spinat waschen und abtropfen lassen. Öl in einem Topf erhitzen, Schalotte und Knoblauch glasig dünsten, Spinat dazugeben und mit der Gemüsebrühe ablöschen. Das Ganze bei milder Hitze leicht köcheln lassen, mit Salz und Pfeffer würzen. Lachs in kleine Würfel schneiden.

- Für die Béchamelsauce Butter in einem Topf bei leichter Hitze schmelzen, Topf vom Herd nehmen, Mehl einrühren. Topf wieder auf den Herd stellen und anschwitzen, Milch einrühren und einmal aufkochen lassen, mit Salz und Pfeffer würzen.

- Auflaufform einfetten. Dann nacheinander die Zutaten schichten: Mit der Béchamelsauce beginnen, dann Lasagneplatten, Spinat, Lachs usw. Im Backofen 15 Min. backen, dann geriebenen Käse darüberstreuen und weitere 15 Min. backen.

Nährwerte pro Portion
200 kcal • 13 g E • 9 g F • 14 g KH

Spinat-Lachs-Lasagne

Gemüse-Hackfleisch-Pfanne

Ein schnelles Gericht für den großen Hunger

Gemüse-Hackfleisch-Pfanne

Für 6 Portionen • gelingt leicht
35 Min.

125 g Basmati-Reis • 200 g Zucchini • 100 g rote Paprika • 150 g Tomaten • 1 Schalotte • 1 EL Rapsöl • 250 g Hackfleisch • Salz • Pfeffer • Kräuter der Provence • 100 g Feta

- Basmati-Reis kochen. Zucchini waschen und fein würfeln. Paprika waschen, Samen und weiße Häutchen entfernen und in kleine Würfel schneiden. Tomaten waschen und würfeln. Schalotte schälen und fein würfeln.

- Öl in einer beschichteten Pfanne erhitzen, Schalotte darin glasig dünsten. Hackfleisch hinzufügen und kross anbraten. Zucchini und Paprika dazugeben und mitdünsten.

- Tomatenwürfel hinzufügen und etwa 6–8 Min. leicht köcheln lassen. Mit Salz, Pfeffer und Kräutern der Provence abschmecken.

- Feta zerkrümeln und über der Gemüse-Hackfleisch-Pfanne verteilen. Mit Reis servieren.

Variante Das Gemüse können Sie nach Belieben variieren.

Nährwerte pro Portion
245 kcal • 14 g E • 12 g F • 19 g KH

Mit leckeren Preiselbeeren

Gefüllte Pfannkuchen

Für 4 Pfannkuchen • gelingt leicht
25 Min. + 20 Min. Ruhezeit

Für den Teig:
125 g Vollkornmehl • 250 ml Milch (3,5 % Fett) • 1 Ei • 1 Prise Salz • Butterschmalz zum Ausbacken

Für die Füllung:
200 g Magerquark • 4 EL Milch • 80 g Preiselbeeren, eingekocht • außerdem: Partyspieße oder Zahnstocher

- Für den Teig Mehl, Milch, Ei und Salz in eine Schüssel geben und zu einem glatten, flüssigen Teig rühren. Den Teig abgedeckt ca. 20 Min ruhen lassen.

- Quark mit der Milch und den Preiselbeeren verrühren.

- In einer großen beschichteten Pfanne etwas Butterschmalz erhitzen und nacheinander 4 dünne Pfannkuchen ausbacken. Die Pfannkuchen stapeln, zu einer Rolle aufrollen und auskühlen lassen.

- Die Quarkcreme gleichmäßig auf allen 4 Pfannkuchen verteilen. Jeden Pfannkuchen zu einer festen Rolle aufrollen in etwa 5 gleich große Stücke schneiden und mit einem Zahnstocher oder einem Partyspieß fixieren.

Nährwerte pro Portion (1 Pfannkuchen)
275 kcal • 15 g E • 8 g F • 33 g KH

Tipp Sie können die Pfannkuchen auch herzhaft füllen.

Unwiderstehlich

Topfenstrudel

Für 10 Portionen • braucht etwas mehr Zeit
30 Min. + 40 Min. Backzeit

60 g weiche Butter • 2 Eier • 1 Pck. Vanillinzucker • 60 g Zucker • 1 TL abgeriebene Schale einer Bio-Zitrone • 1 Prise Salz • 500 g Magerquark • 1 Pck. Strudelteig • 30 g flüssige Butter zum Ausarbeiten

- Backofen auf 200 Grad vorheizen. Butter, Eier, Vanillinzucker, Zucker, Zitronenschale und Salz schaumig rühren. Quark unterrühren.

- Den Strudelteig auf einem feuchten Geschirrtuch auslegen. Zunächst ein Teigblatt auf das Tuch legen und dünn mit Butter bestreichen. Das nächste Teigblatt auflegen und auch dieses dünn mit Butter bestreichen. Dies bis zum letzten Teigblatt fortführen.

- Quarkmasse auf das obere Dritte streichen, zu den Seiten einen Rand lassen. Teigseiten einklappen und den Strudel mit Hilfe des Geschirrtuchs einrollen.

- Strudel auf ein mit Backpapier ausgelegtes Backblech legen, mit Butter bestreichen und in ca. 40 Min. goldgelb backen.

Nährwerte pro Portion
205 kcal • 11 g E • 7 g F • 8 g KH

Grieß trifft auf Beeren

Grießnockerl

Für 4 Portionen • gelingt leicht
20 Min. + 30 Min. Abkühlzeit

375 ml Milch (3,5 % Fett) • 75 g Grieß • 1 Pck. Vanillinzucker • 1 Prise Salz • 1 Eigelb • ½ EL Rapsöl • 200 g Beeren, gemischt (frisch oder TK)

- Milch erhitzen, Grieß, Vanillinzucker und Salz zugeben und unter ständigem Rühren kurz aufkochen.

- Etwas abkühlen lassen, Eigelb und Rapsöl unterrühren. Den Grießbrei 30 Min. abkühlen lassen.

- Beeren pürieren. Aus dem abgekühlten Grießbrei Nockerl formen (am besten mit 2 Löffeln) und mit dem Beerenpüree anrichten.

Nährwerte pro Portion
175 kcal • 6 g E • 7 g F • 21 g KH

Grießnockerl

Ein süßer Gruß aus den Bergen

Marillenknödel

Für ca. 8 Knödel • braucht etwas mehr Zeit

45 Min. + 30 Min. Ruhezeit

Für den Knödelteig:

- 300 g Magerquark
- 80 g weiche Butter
- 20 g Zucker
- 1 Pck. Vanillinzucker
- 1 Msp. abgeriebene Schale einer Bio-Zitrone
- 1 Prise Salz
- 2 Eier
- 100 g Mehl

Für die Füllung:

- 4 frische Aprikosen (oder 8 Aprikosenhälften aus der Dose)

Zum Anrichten:

- 20 g Butter
- 40 g Semmelbrösel

- Quark in ein Tuch geben und gut abtropfen lassen.

- Butter, Zucker, Vanillinzucker, Zitronenschale und Salz schaumig rühren. Eier dazugeben und verrühren.

- Quark ausdrücken und mit Mehl in die Butter-Ei-Masse einrühren. Den Teig etwa 30 Min. im Kühlschrank ruhen lassen.

- Frische Aprikosen waschen, halbieren und Stein entfernen. Wenn Sie Aprikosen aus der Dose verwenden, die Aprikosenhälften gut abtropfen lassen.

- Den Teig auf einer bemehlten Arbeitsfläche ca. 1 cm dick ausrollen und in acht gleich große Rechtecke schneiden.

- Auf jedes Rechteck eine Aprikosenhälfte setzen, mit Teig umhüllen, gut verschließen und zu Knödeln formen.

- Reichlich Salzwasser zum Kochen bringen. Knödel einlegen, kurz aufkochen und bei schräg aufliegendem Deckel ca. 10–15 Min. ziehen lassen.

- Mit dem Schaumlöffel herausnehmen und abtropfen lassen.

- Butter zerlassen, Semmelbrösel darin anrösten und die Marillenknödel damit bestreuen.

Nährwerte pro Knödel

225 kcal • 9 g E • 12 g F • 29 g KH

Cremig und erfrischend

Frozen Joghurt 2

Für 4 Portionen • braucht etwas mehr Zeit
⏲ 20 Min. + 2–3 Std. Kühlzeit

500 ml Joghurt • 50 g Honig • 2 Msp. gemahlene Vanille aus der Mühle

- Joghurt in einer Schüssel cremig rühren.
- Den Honig langsam unterrühren; wenn die Masse cremig ist, gemahlene Vanille zugeben.
- Die Joghurtcreme für einige Stunden ins Gefrierfach stellen und ca. alle 20 Min umrühren. Ist die Masse gut durchgefroren und noch cremig, ist der Frozen Joghurt fertig.

Das passt dazu Kompott oder frisches Obst (je 1 EL)

Nährwerte pro Portion
125 kcal • 5 g E • 5 g F • 15 g KH

Beerenstark

Frozen Joghurt Beere

Für 4 Portionen • braucht etwas mehr Zeit
⏲ 10 Min. + Kühlzeit

350 g Joghurt • 20 g Zucker • ½ Bio-Limette • 200 g Heidelbeeren (TK) • Vanille aus der Mühle

- Joghurt in einer Schüssel cremig rühren. Den Zucker langsam unterrühren, bis die Masse cremig ist.
- Limettenschale abreiben, Saft auspressen, beides unter die Joghurtmasse rühren.
- Heidelbeeren vorsichtig unterheben, Vanille zugeben.
- Die Joghurtcreme für einige Stunden ins Gefrierfach stellen und ca. alle 20 Min. umrühren. Ist die Masse gut durchgefroren und noch cremig, ist der Frozen Joghurt fertig.

Variante Anstatt Heidelbeeren können Sie auch Himbeeren, Erdbeeren oder gemischte Beeren verwenden.

Nährwerte pro Portion
110 kcal • 4 g E • 4 g F • 12 g KH

Quark-Himbeer-Torte

Verführerisch

Quark-Himbeer-Torte

Für 8 Stück • braucht etwas mehr Zeit
⏲ 30 Min. + 30 Min. Kühlzeit + 5–6 Std. Kühlzeit

Für den Boden:
- 120 g Butter
- 2 Bio-Limetten
- 60 g gemahlene Mandeln
- 100 g Löffelbiskuit ohne Zuckerkruste

Für die Himbeer-Quark-Creme:
- 6 Blätter weiße Gelatine
- 1 Vanilleschote
- 160 ml Orangensaft
- 1 kg Quark
- Salz
- 50 g Akazienhonig
- 200 g Himbeeren

● **Für den Boden:** Butter bei mittlerer Hitze schmelzen, Schale der Limetten abreiben, Abrieb zur Butter geben und 10 Min. ziehen lassen.

● Mandeln in einer Pfanne ohne Fett leicht anrösten. Löffelbiskuit mit einem Messer grob schneiden.

● Mandeln und Löffelbiskuit in eine Schüssel geben, Limettenbutter darübergießen und die Masse gut verkneten.

● Einen Tortenring auf einen Durchmesser von ca. 23 cm einstellen und auf einen ebenen Teller oder eine Tortenplatte stellen.

● Die Brösel gleichmäßig im Ring verteilen und gut festdrücken. 30 Min. kalt stellen.

● **Für die Himbeer-Quark-Creme:** Gelatine in kaltem Wasser einweichen. Aus der Vanilleschote das Mark herauskratzen.

● Orangensaft mit Vanillemark in einem Topf leicht erwärmen. Gelatine gut ausdrücken und im Orangensaft auflösen.

● Quark mit Orangensaft, einer Prise Salz und Honig mit dem Handrührgerät ca. 3–4 Min. auf hoher Stufe rühren, damit die Masse schön luftig wird.

● Die Quarkmasse in den Ring gießen und die Hälfte der Himbeeren gleichmäßig verteilt in die Masse hineindrücken.

● Für etwa 5–6 Std. in den Kühlschrank stellen, bis die Masse fest ist.

● Den Ring mit einem Messer von der Torte lösen, die Torte mit den restlichen Himbeeren garnieren.

Nährwerte pro Portion
335 kcal • 21 g E • 17 g F • 17 g KH

LECKERES ZUM MITNEHMEN ZUR ARBEIT

Roter Bohnensalat (Seite 92)

Häufig sind die Tage am Arbeitsplatz von Hektik, Terminen und Stress bestimmt. Die Zeit zum Essen fehlt, oft wird in der Mittagspause weitergearbeitet und das Mittagessen zwischen Telefonaten und dem Beantworten von Mails schnell verdrückt. Erkennen Sie sich wieder? War es so vor der OP? Und wie ist es jetzt? Nehmen Sie sich jetzt Zeit?

Damit Sie an Ihrem Arbeitsplatz ausreichend mit Energie und Protein versorgt sind, müssen Sie Ihr Essen gut organisieren. Viele Mahlzeiten lassen sich am Abend zuvor prima vorbereiten und können am nächsten Tag direkt an den Arbeitsplatz mitgenommen werden.

Das kann ein belegtes Brot sein, leckere Salate oder eine Suppe, ein Auflauf oder Ähnliches, was Sie am Arbeitsplatz in der Mikrowelle aufwärmen können. Denken Sie auch an einen kleinen Nachmittags-Snack, damit Sie gut über den Nachmittag und nicht zu hungrig nach Hause kommen.

Probieren Sie die wunderbaren Salate aus Hülsenfrüchten, wie den roten Bohnensalat. Sie können Salate auch gut vorbereiten und als »Lunch im Glas« mitnehmen. Wie wäre es mit einer Quarkwaffel oder einem herzhaften Muffin als Snack für den Nachmittag?

Bitte vergessen Sie das Trinken nicht! Am besten stellen Sie sich ein gefülltes Glas direkt in Ihr Blickfeld. Wenn Sie eine Alternative zu stillem Wasser suchen, dann lassen Sie sich von den leckeren Getränken (ab Seite 134) inspirieren. Diese können Sie ebenfalls gut vorbereiten und an den Arbeitsplatz mitnehmen.

Eine tolle Kombination

Bohnensalat mit Speck

Für 4 Portionen • braucht etwas mehr Zeit
⏲ 30 Min. + 12 Std. Einweichzeit + 1 Std. Kochzeit + 30 Min. Ziehzeit

200 g getrocknete weiße Bohnen • 100 g Schwarzwälder Speck • 1 kleine Zwiebel • 1 EL gehackte Rosmarinnadeln • 2 EL gehackte glatte Petersilie • 4 EL Weißweinessig • 2 EL Olivenöl • ½ TL Zucker • Pfeffer • Salz

- Bohnen über Nacht einweichen. Am nächsten Tag Einweichwasser abgießen und die Bohnen in reichlich frischem Wasser ca. 1 Std. garen, bis sie weich sind.
- Speck in feine Streifen schneiden, Zwiebel schälen und fein hacken.
- Den Speck in einer Pfanne kross braten, aus der Pfanne nehmen. Die Zwiebel in der Pfanne glasig anschwitzen, Rosmarin und Petersilie dazugeben. Speck, Zwiebel und Kräuter mit den Bohnen vermischen.
- Essig, Olivenöl und Zucker verrühren, mit Pfeffer würzen. Vorsichtig mit Salz würzen, da der Speck schon sehr salzig ist.
- Marinade zu den Bohnen geben und mischen, Salat 30 Min. durchziehen lassen.

Nährwerte pro Portion
285 kcal • 18 g E • 11 g F • 23 g KH

Tipp Sie können den Salat gut schon am Vortag vorbereiten und bis zum Mitnehmen im Kühlschrank aufbewahren.

Sieht nicht nur gut aus

Roter Bohnensalat

Für 2 Portionen • gelingt leicht
⏲ 10 Min. + 12 Stdn. Einweichzeit + 1 Std. Kochzeit + 30 Min. Ziehzeit

100 g getrocknete Kidneybohnen • 2 Lauchzwiebeln • 3 EL Weißweinessig • 1 EL Rapsöl • 1 EL Kürbiskernöl • 1 Prise Zucker • Salz • Pfeffer

- Bohnen über Nacht einweichen, Einweichwasser abgießen und in reichlich frischem Wasser ca. 1 Std. garen, bis sie weich sind.
- Lauchzwiebeln waschen, abtupfen und fein schneiden.
- Essig, Öl und Zucker verrühren, mit Salz und Pfeffer abschmecken und mit den Bohnen und den Lauchzwiebeln vermengen. Etwa 30 Min. ziehen lassen

Nährwerte pro Portion
260 kcal • 12 g E • 11 g F • 22 g KH

Tipp Sie können auch 200 g gekochte Bohnen aus der Dose verwenden, dann ist der Salat schneller zubereitet.

So gut schmeckt's in Schwaben

Kartoffelsalat mit Ei

Für 2 Portionen • gut vorzubereiten
20 Min. + 1 Std. Ziehzeit

160 g Kartoffeln • ½ Lauchzwiebel • 20 g Cornichons • 50 ml Gemüsebrühe • 2 EL Weißweinessig • ½ TL Senf • Salz • Pfeffer • 2 Eier • 1 EL Rapsöl • ggf. Sud der Cornichons

- Kartoffeln kochen, auskühlen lassen, pellen und in dünne Scheiben schneiden.
- Lauchzwiebel waschen, abtupfen und in Röllchen schneiden. Cornichons klein schneiden.
- Kartoffeln, Zwiebeln und Cornichons vermengen. Gemüsebrühe einmal aufkochen, vom Herd nehmen, Essig und Senf unterrühren, kräftig mit Salz und Pfeffer würzen. Das warme Dressing über die Kartoffeln geben und zugedeckt 1 Std. ziehen lassen.
- Eier hart kochen, abschrecken, abkühlen lassen, pellen, in Scheiben schneiden und mit dem Kartoffelsalat vermengen. Mit Rapsöl, Salz, Pfeffer und ggf. dem Sud der Cornichons abschmecken.

Nährwerte pro Portion
210 kcal • 9 g E • 12 g F • 15 g KH

Tipp Wie wäre es, eine Portion am Abend zu essen und die nächste einfach fürs Mittagessen am nächsten Tag mit zur Arbeit zu nehmen?

Noch ein tolles Essen für die Arbeit

Nudelsalat im Glas

Für 1 Portion • gut vorzubereiten
30 Min.

20 g Nudeln (z. B. Mini Penne) Rohgewicht (= 50 g gekocht) • 1 Ei • 20 g Tomate • 1 Stängel Petersilie • 40 g TK-Erbsen • 1 TL Olivenöl • 1 EL Essig • Salz • Pfeffer

- Nudeln kochen. Ei hart kochen, abschrecken, pellen und in Würfel schneiden.
- Tomate waschen und würfeln. Petersilie waschen, trocken tupfen und fein hacken.
- Nudeln, Ei und Tomate in einer Schüssel vermischen, Erbsen zufügen.
- Öl mit Essig, Salz und Pfeffer verrühren. Das Dressing mit der Nudelmischung vermengen, mit Salz und Pfeffer abschmecken und mit der gehackten Petersilie bestreuen.
- Salat in ein Glas mit Schraubverschluss geben, über Nacht ziehen lassen. Vor dem Essen vorsichtig schütteln.

Nährwerte pro Portion
260 kcal • 13 g E • 11 g F • 24 g KH

Tipp Kochen Sie eine größere Menge an Nudeln. Diese können Sie auch gut für eine schnelle Nudelpfanne verwenden.

Ein Hauch von Asien

Gurkennudeln mit Koriander und Garnelen

Für 4 Portionen • gelingt leicht
25 Min.

40 g Erdnüsse • 1 Salatgurke (ca. 300 g) • 2 EL gehackter Koriander • 1 Limette • 1 TL Zucker • 1½ EL Rapsöl • 1 EL Sesamöl • Salz • Pfeffer • Chiliflocken • 1 TL Rapsöl • 80 g Garnelen

- Erdnüsse grob hacken und in einer beschichteten Pfanne ohne Fett goldbraun rösten.

- Gurke waschen, putzen und in einem Spiralschneider zu langen Nudeln verarbeiten, zu lange Streifen durchschneiden.

- Koriander waschen, trocken tupfen und hacken.

- Limette auspressen, Saft mit Zucker, Raps- und Sesamöl verrühren und mit den Gurkennudeln vermischen. Mit Salz, Pfeffer und den Chiliflocken würzen.

- Öl in einer Pfanne erhitzen, Garnelen leicht anbraten und zu dem Salat geben, mit den Erdnüssen bestreuen.

Nährwerte pro Portion
185 kcal • 7 g E • 15 g F • 6 g KH

Schmeckt immer

Thunfischsalat

Für 2 Portionen • gelingt leicht
15 Min.

10 g Rucola • 50 g rote Paprika • 1 Lauchzwiebel • 40 g Mais (aus dem Glas oder aus der Dose) • 130 g Thunfisch, Abtropfgewicht • ½ Limette • 1 EL Olivenöl • 2 EL Balsamico, weiß • Salz • Pfeffer

- Rucola waschen und trocken tupfen. Paprika waschen, Samen und weiße Häutchen entfernen, in schmale Streifen schneiden.

- Lauchzwiebel waschen, trocken tupfen und in Röllchen schneiden. Mais und Thunfisch gut abtropfen lassen.

- Limette auspressen, Saft mit Olivenöl und Essig verrühren, mit Salz und Pfeffer würzen.

- Alle Salatzutaten miteinander vermengen, das Dressing über den Salat geben und vermischen. Salat in ein Glas mit Schraubverschluss füllen und kühl stellen.

Nährwerte pro Portion
160 kcal • 15 g E • 7 g F • 8 g KH

Thunfischsalat

Zucchetti mit Oliven und Schafskäse

Leicht, frisch und lecker

Zucchetti mit Oliven und Schafskäse

Für 2 Portionen • gelingt leicht
15 Min.

150 g Zucchini • 100 g Schafskäse • 40 g Cocktailtomaten • 20 g Oliven • 1 EL Olivenöl • 2 EL Balsamico, weiß • Salz • Pfeffer

- Zucchini waschen und in einem Spiralschneider zu langen Nudeln verarbeiten, zu lange Streifen durchschneiden.
- Schafskäse in kleine Würfel schneiden, Tomaten waschen und halbieren.
- Zucchininudeln mit Schafskäse, Tomaten und Oliven vermengen. Öl und Essig verrühren, mit Salz und Pfeffer würzen. Dressing mit den Nudeln vermengen.

Nährwerte pro Portion
235 kcal • 10 g E • 18 g F • 5 g KH

Köstlich mit Minze und Limette

Erbsensuppe

Für 6 Portionen • gelingt leicht
30 Min.

3 Lauchzwiebeln • 1 mittelgroße Kartoffel (130 g) • 1 EL Rapsöl • 300 g Erbsen (TK) • 400 ml Gemüsebrühe • 200 ml Milch (3,5 % Fett) • 2 Stängel Minze • 1 Limette • Salz • Pfeffer

- Lauchzwiebeln waschen, trocken tupfen und in Röllchen schneiden. Kartoffel schälen und in Würfel schneiden.
- Öl in einem Topf erhitzen, Lauchzwiebeln darin andünsten, Kartoffelwürfel und Erbsen dazugeben, kurz mit dünsten.
- Mit Gemüsebrühe und Milch auffüllen, bei mittlerer Hitze ca. 15 Min. köcheln lassen.
- Minze waschen, trocken tupfen, Blätter abzupfen und hacken, Limette auspressen.
- Suppe pürieren, mit Limettensaft, Salz und Pfeffer abschmecken. Gehackte Minze darüberstreuen.

Nährwerte pro Portion
110 kcal • 5 g E • 3 g F • 12 g KH

Tipp Zur Erhöhung der Eiweißmenge können Sie Ihre Suppe noch mit Thunfisch, Frischkäse oder Parmesan verfeinern.

Schmecken kalt und warm

Linsenbratlinge

Für 6 Portionen • gelingt leicht
50 Min.

150 g rote Linsen • 300 ml Gemüsebrühe • 1 kleine Zwiebel • 1 Knoblauchzehe • 2 Lauchzwiebeln • 30 g Parmesan • 1 EL Rapsöl • 2½ EL Mehl • 1 Ei • Salz • Pfeffer • 1 EL Rapsöl

- Linsen waschen, abtropfen lassen und in Gemüsebrühe in ca. 7–10 Min. bissfest köcheln lassen.
- Zwiebel und Knoblauchzehe schälen und fein hacken. Lauchzwiebeln waschen, abtupfen und in feine Ringe schneiden. Parmesan reiben.
- Öl in einem Topf erhitzen, Zwiebel, Knoblauch und Lauchzwiebeln darin dünsten.
- Mehl, Ei, Linsen und Parmesan mit der Zwiebel-Knoblauch-Mischung in einer Schüssel verrühren, mit Salz und Pfeffer würzen.
- Aus der Masse 6 Bratlinge formen. Öl in einer Pfanne erhitzen, Bratlinge von jeder Seite anbraten.

Das passt dazu ein kleiner gemischter Salat und ein leckerer Dip

Nährwerte pro Portion
185 kcal • 10 g E • 7 g F • 20 g KH

Tipp Die Bratlinge schmecken auch kalt und können prima am nächsten Tag zur Arbeit mitgenommen werden.

Der Super-Snack zum Mitnehmen

Käse-Schinken-Muffins

Für 12 Stück • gut vorzubereiten
15 Min. + 20–25 Min. Backzeit

100 Schinken, gekocht • 100 g Emmentaler • 2 Lauchzwiebeln • 60 g Butter • 200 ml Milch (3,5 % Fett) • 1 Ei • 200 g Vollkornmehl • 2 TL Backpulver • Salz • Pfeffer • Muskat

- Backofen auf 190 Grad vorheizen. Eine 12er Muffinform ausbuttern oder mit Silikonförmchen besetzen.
- Schinken in kleine Quadrate schneiden, Emmentaler reiben, Lauchzwiebeln waschen, abtupfen und in Röllchen schneiden
- Butter zerlassen, Milch und Ei zugeben und verrühren.
- Mehl mit Backpulver vermischen. Die flüssigen Zutaten in die Mehlmischung geben und vorsichtig vermischen. Schinken, Käse und Lauchzwiebeln unterheben.
- Teig gleichmäßig auf die Muffinförmchen verteilen und auf der mittleren Schiene 20 Min. backen.

Nährwerte pro Stück
155 kcal • 7 g E • 8 g F • 11 g KH

Käse-Schinken-Muffins

Kichererbsenwaffeln

Schmecken der ganzen Familie

Kichererbsenwaffeln

Für 5 Waffeln • gelingt leicht
15 Min. + 20 Min. Ausbackzeit

200 g Kichererbsenmehl • 1 TL Backpulver • 75 g Emmentaler • 150 g Zucchini • 4–5 Stängel Petersilie (= 2 EL gehackt) • 1 Ei • 175 ml Milch (3,5 % Fett) • 2 EL Olivenöl • Salz • Pfeffer • etwas Öl für das Waffeleisen

- Kichererbsenmehl mit dem Backpulver vermischen. Emmentaler reiben, Zucchini waschen und grob reiben, Petersilie waschen, abtupfen und hacken.

- Mehl mit Ei, Milch und Öl verrühren, mit Emmentaler, Zucchini und Petersilie vermengen und mit Salz und Pfeffer würzen

- Waffeleisen vorheizen und mit dem Öl bestreichen. Je 2–3 EL Teig auf das Waffeleisen geben, gut verteilen und 5 knusprige Waffeln backen.

Nährwerte pro Waffel
285 kcal • 16 g E • 16 g F • 20 g KH

Tipp Die Waffeln schmecken pur oder mit leckeren Aufstrichen oder Dips. Sie sind ideal zum Mitnehmen und können auch gut eingefroren werden.

Wunderbar würzig aus dem Backofen

Falafel

Für 8 Portionen • gut vorzubereiten
30 Min. + 15–20 Min. Backzeit

200 g Kichererbsen aus dem Glas oder der Dose • 1 Bund Petersilie • 1 Bund Koriander • 2 Schalotten • 2 Knoblauchzehen • 1 Chilischote • 1 Zitrone • Salz • Pfeffer • Kreuzkümmel • 100 g Mehl • ½ Pck. Backpulver • 2 EL Olivenöl

- Backofen auf 200 Grad vorheizen. Kichererbsen abtropfen lassen und pürieren. Petersilie und Koriander waschen, abtupfen und fein hacken. Schalotten und Knoblauch schälen und fein hacken.

- Chilischote in kleine Stücke schneiden, Zitrone auspressen. Alles mit den Kichererbsen vermischen. Mit Salz, Pfeffer und Kreuzkümmel abschmecken, Mehl und Backpulver hinzufügen und vermengen.

- Aus dem Teig mit nassen Händen kleine Bällchen formen und auf ein mit Backpapier ausgelegtes Backblech setzen. Alle Falafel mit Olivenöl beträufeln und in 15–20 Min im Backofen goldbraun backen.

Das passt dazu Kräuterdip (Seite 117) oder ein anderer leckerer Dip (Seite 112)

Nährwerte pro Portion
120 kcal • 4 g E • 4 g F • 16 g KH

Tipp Wenn Sie getrocknete Kichererbsen (100 g) verwenden, diese über Nacht einweichen. Dann Einweichwasser verwerfen und Kichererbsen in reichlich frischem Wasser ca. 1 Std. garen, bis sie weich sind.

Kalt und warm zu genießen

Quarkwaffeln

Für 8 Waffeln • gelingt leicht

⏲ 15 Min. + 30 Min. Ausbackzeit

125 g weiche Butter • 70 g Zucker • 1 Msp. gemahlene Vanille aus der Mühle • 1 EL abgeriebene Schale einer Bio-Zitrone • 3 Eier • 150 ml Milch (3,5 %) • 300 g Magerquark • 200 g Weizenvollkornmehl • ½ TL Backpulver • etwas Öl für das Waffeleisen

- Weiche Butter, Zucker, gemahlene Vanille und die abgeriebene Zitronenschale schaumig rühren, die Eier einzeln unterrühren.

- Milch und Quark verrühren und unter den Teig arbeiten. Mehl und Backpulver vermischen und unterrühren.

- Waffeleisen vorheizen und mit Öl bestreichen. Je 3–4 Esslöffel Waffelteig ins Eisen geben und acht goldgelbe Waffeln backen.

Das passt dazu Kompott oder frisches Obst (je 1 EL)

Nährwerte pro Waffel

320 kcal • 11 g E • 18 g F • 26 g KH

Ideal zum Mitnehmen

Proteinriegel

Für 10 Stück • gut vorzubereiten

⏲ 15 Min. + 15–20 Min. Backzeit

40 g Aprikosen, getrocknet • 175 g Magerquark • 2 Eier • 125 g Haferflocken, fein • 20 g Leinsamen, geschrotet • ½ EL Honig

- Backofen auf 190 Grad (170 Grad Umluft) vorheizen. Aprikosen in kleine Stücke schneiden.

- Quark mit den Eiern verrühren. Haferflocken, Leinsamen, Honig und Aprikosen dazugeben und vermengen.

- Masse auf einem mit Backpapier ausgelegten Backblech verteilen und ca. 15–20 Min. backen. Die gebackene Masse noch warm in Riegel schneiden.

Nährwerte pro Stück

100 kcal • 6 g E • 3 g F • 11 g KH

Tipp Wenn Sie diese Masse auf dem ganzen Backblech verteilen, werden die Riegel dünn. Sie können die Masse auch nur auf einer Hälfte des Backbleches verstreichen, dann werden die Riegel dicker.

Etwas Leichtes zum Mitnehmen

Joghurt im Glas

Für 1 Portion • gelingt leicht
⏲ 10 Min.

50 g Joghurt • 50 g Quark • Vanille aus der Mühle • 1 EL Basismüsli oder 5-Korn-Flocken • 50 g Himbeeren

- Joghurt, Quark und Vanille verrühren.

- Müsli in ein Glas mit Schraubverschluss füllen, Joghurt-Quark-Mischung darübergeben. Beeren zum Schluss in das Glas geben.

- Bis zum Mitnehmen im Kühlschrank aufbewahren.

Nährwerte pro Portion
160 kcal • 12 g E • 3 g F • 19 g KH

Tipp Sollten Sie keine frischen Himbeeren haben, können Sie auch gut tiefgekühlte verwenden. Hier müssen Sie die Auftauzeit beachten.

Schmeckt einfach lecker

Vanille-Quark-Pudding

Für 4 Portionen • gelingt leicht
⏲ 10 Min. + 10 Min. Abkühlzeit

250 ml Milch (3,5 %) • 25 g Stärke • 25 g Zucker • 1 Eigelb • Vanille aus der Mühle (oder ½ Vanilleschote) • 250 g Magerquark

- Von der Milch 4 EL entnehmen. Stärke mit Zucker verrühren. Die 4 EL Milch hinzufügen und glattrühren. Eigelb unterrühren.

- Restliche Milch in einen Topf geben, Vanille aus der Mühle hinzufügen oder Vanilleschote auskratzen und das Mark hinzufügen und aufkochen.

- Die Stärkemischung einrühren und nochmals kurz aufkochen lassen. Ca. 10 Min. abkühlen lassen.

- Quark in den Pudding einrühren.

Das passt dazu Verfeinern Sie den Vanille-Quark-Pudding mit frischen oder pürierten Beeren.

Nährwerte pro Portion
155 kcal • 12 g E • 4 g F • 17 g KH

Tipp Können Sie wunderbar vorbereiten und am nächsten Tag zur Arbeit mitnehmen.

FESTE FEIERN

Fingerfood und Suppen dürfen auf keinem Fest fehlen. Wie wäre es mit Chili con Grünkern oder einer leckeren Lauch-Hackfleisch-Suppe? Das klassische Fingerfood wie Caprese am Stiel oder Melone mit Schinken ist hier ebenso zu finden wie Hessische Tapas mit Handkäse oder Pimientos mit Roastbeef. Lassen Sie sich inspirieren!

Auch die leckeren Brotaufstriche und Dips (ab Seite 112) können Sie bei Feiern hervorragend anbieten. Sie schmecken wunderbar auf frischem Brot oder kleinen Pumpernickeltalern und sind als Dip mit Gemüsesticks für jedes Fest geeignet.

Viel Spaß beim Feiern!

« Pimientos mit Roastbeef (Seite 106)

Spanien lässt grüßen!

Pimientos mit Roastbeef

Für 6 Pimientos • gelingt leicht
30 Min.

6 größere Pimientos • 1 EL Olivenöl • Fleur de Sel • ½ kleine rote Zwiebel • 2 EL Balsamico, weiß • 1½ EL Wasser • 1 EL Olivenöl • 1 EL Walnussöl • 1 TL Senf (extra scharf) • 1 Prise Kurkuma • 3 Stängel glatte Petersilie • 6 Scheiben Roastbeef

- Pimientos waschen und trocken tupfen. Öl in einer Pfanne erhitzen, Pimientos darin bei mittlerer Hitze 5–8 Min. braten. Mit Fleur de Sel würzen, auf Küchenkrepp abtropfen und abkühlen lassen.
- Für das Dressing die rote Zwiebel schälen und fein hacken. Essig mit Wasser, Oliven- und Walnussöl verrühren, Senf und Kurkuma unterrühren. Mit Fleur de Sel würzen.
- Petersilie waschen, trocken tupfen und fein hacken, zum Dressing geben.
- Jeweils einen Pimiento in eine Scheibe Roastbeef einrollen und auf einem Teller anrichten. Mit dem Dressing beträufeln.

Nährwerte pro Stück
75 kcal • 3 g E • 6 g F • 2 g KH

Tipp Dieses Dressing passt wunderbar zu den Handkäse-Talern.

Hessische Tapas

Handkäse-Taler

Für 10 Taler • gelingt leicht
10 Min.

10 Scheiben Pumpernickel-Rolle • 20 g Butter • 5 Handkäse (à 35 g) • 1–2 Stängel glatte Petersilie

- Pumpernickelscheiben mit Butter dünn bestreichen.
- Handkäse halbieren und auf jede Pumpernickelscheibe eine Hälfte setzen.
- Petersilie waschen, trocken tupfen, Blätter abzupfen und als Garnitur auf den Handkäse legen.

Nährwerte pro Taler
60 kcal • 6 g E • 2 g F • 4 g KH

Tipp Das Senf-Dressing der Pimientos passt hervorragend zu den Handkäse-Talern.

Mediterran mit Rosmarin

Ziegenkäse im Speckmantel

Für 8 Stück • gelingt leicht
20 Min.

8 Ziegenfrischkäsetaler (à ca. 40 g) • 16 Scheiben Frühstücksspeck • 1 Zweig Rosmarin • 1 EL Rapsöl

- Ziegenfrischkäse mit je 2 Scheiben Speck einwickeln.
- Rosmarin waschen, abtupfen, Nadeln abzupfen und grob hacken.
- Öl in einer beschichteten Pfanne erhitzen und die Taler mit Rosmarin darin anbraten.

Das passt dazu eine kleine Portion gemischter Salat und eine kleine Scheibe Baguette.

Nährwerte pro Stück
115 kcal • 10 g E • 8 g F • 1 g KH

Ein Fingerfood-Klassiker

Caprese am Stiel

Für 10 Spieße • gelingt leicht
15 Min.

10 Cocktailtomaten • 20 Basilikumblätter • 20 Mini-Mozzarella-Kugeln • außerdem: 10 Partyspieße, z. B. aus Bambus

- Cocktailtomaten und Basilikumblätter waschen und trocken tupfen.
- Je 2 Mozzarella-Kugeln mit einer Cocktailtomate und 2 Basilikumblättern auf einen Spieß stecken.

Nährwerte pro Spieß
45 kcal • 3 g E • 3 g F • < 1 g KH

Einfach immer gut

Melone & Schinken

Für 12 Spieße • gelingt leicht
⏲ 10 Min.

½ Galia-Melone • 6 Scheiben Parmaschinken • außerdem: 12 Party-Spieße aus Bambus

- Die Kerne der Melone entfernen. Mit einem Melonenausstecher 12 Kugeln ausstechen.

- Die Schinkenscheiben längs halbieren. Eine halbe Scheibe um die Melonenkugel wickeln oder den Schinken aufrollen und auf die Kugel legen. Mit einem Party-Spieß fixieren.

Nährwerte pro Spieß
20 kcal • 1 g E • < 1 g F • 3 g KH

Tipp Je nach Größe der Melone können ca. 10–15 Kugeln ausgestochen werden, entsprechend benötigen Sie dann auch mehr oder weniger Parmaschinken.

Edles Fingerfood

Lachsrollen

Für 20 Stück • gut vorzubereiten
⏲ 25 Min. + 25 Min. Ruhezeit

Für den Teig:
125 g Vollkornmehl • 250 ml Milch (3,5 % Fett) • 1 Ei • 1 Prise Salz • Butterschmalz zum Ausbacken

Für die Füllung:
200 g Frischkäse • 2 EL glatte Petersilie, gehackt (frisch oder TK) • 2 EL Schnittlauch, gehackt (frisch oder TK) • ½ Zitrone • Salz • Pfeffer • 200 g Räucherlachs • außerdem: Partyspieße oder Zahnstocher

- Für den Teig Mehl, Milch, Ei und Salz in eine Schüssel geben und zu einem glatten, flüssigen Teig rühren. Den Teig abgedeckt ca. 20 Min ruhen lassen.

- Für die Füllung Frischkäse mit den Kräutern verrühren. Zitrone auspressen. Die Creme mit Zitronensaft, Salz und Pfeffer abschmecken.

- In einer großen beschichteten Pfanne etwas Butterschmalz erhitzen und nacheinander 4 dünne Pfannkuchen ausbacken. Die Pfannkuchen stapeln, zu einer Rolle aufrollen und auskühlen lassen.

- Die Frischkäsecreme gleichmäßig auf allen 4 Pfannkuchen verteilen. Jeden Pfannkuchen mit Räucherlachs belegen und zu einer festen Rolle aufrollen. Jeden Pfannkuchen in etwa 5 gleich große Stücke schneiden und mit einem Zahnstocher oder einem Partyspieß fixieren.

Nährwerte pro Stück
80 kcal • 5 g E • 4 g F • 5 g KH

Lachsrollen

Chili con Grünkern

Herzhaft und super lecker!

Chili con Grünkern

Für 10 Portionen • gut vorzubereiten
⏲ 50 Min. + 12 Std. Einweichzeit + 1 Std. Kochzeit

200 g getrocknete Kidneybohnen • 2 kleine Zwiebeln • 2 Knoblauchzehen • 1 große rote Paprika • 1 grüne Paprika • 1/3 frische Chilischote • 1 EL Rapsöl • 200 g Grünkern • 500 g Tomaten, stückig • 400 ml Gemüsebrühe • Salz • Pfeffer • Chilipulver

- Kidneybohnen über Nacht einweichen, Einweichwasser verwerfen und in reichlich frischem Wasser ca. 1 Std. bei leichter Hitze garen.

- Zwiebeln und Knoblauch schälen und fein hacken. Paprika und Chilischote waschen und in feine Streifen schneiden.

- In einem Topf Öl erhitzen, Zwiebeln und Knoblauch glasig dünsten, Grünkern dazugeben und mitanbraten. Paprika und Chili dazugeben, ebenfalls mitdünsten. Tomaten und Gemüsebrühe dazugeben, mit Salz, Pfeffer und Chilipulver würzen. Etwa 30 Min. köcheln lassen, die Kidneybohnen dazugeben und nochmals 10 Min. köcheln lassen.

Nährwerte pro Portion
155 kcal • 8 g E • 2 g F • 22 g KH

Tipp Sie können anstatt der getrockneten Kidneybohnen auch 400 g gekochte Kidneybohnen aus der Dose verwenden. Möchten Sie das Chili etwas schärfer, so nehmen Sie ½–1 frische Chilischote.

Darf auf keiner Party fehlen

Lauch-Hack-Suppe

Für 6 Portionen • gut vorzubereiten
⏲ 30 Min.

250 g Lauch • 1 EL Butterschmalz • 250 g Hackfleisch • Salz • Pfeffer • 350 ml Gemüsebrühe • 1 Knoblauchzehe • 125 g Frischkäse, fettreduziert • 100 g Schmand • Muskatnuss

- Lauch waschen, trocken tupfen und in feine Ringe schneiden.

- Butterschmalz in einem großen Topf erhitzen, Hackfleisch darin anbraten, mit Salz und Pfeffer würzen. Lauch hinzufügen, kurz mitanbraten, mit Gemüsebrühe auffüllen und bei leichter Hitze ca. 10 Min. köcheln lassen.

- Knoblauchzehe schälen und fein hacken. Frischkäse mit Schmand verrühren. Alles zur Suppe hinzufügen, verrühren, mit Salz, Pfeffer und frisch geriebener Muskatnuss abschmecken.

Das passt dazu eine kleine Scheibe Baguette

Nährwerte pro Portion
170 kcal • 13 g E • 12 g F • 3 g KH

AUFSTRICHE UND DIPS

Leckere Aufstriche und Dips bringen Abwechslung in jeden Speiseplan und dürfen auf keiner Feier fehlen.

Dips werden meist aus Joghurt, Quark, Frischkäse, Sahne, Schmand oder saurer Sahne zubereitet. Verfeinert werden sie mit frischen Kräutern wie Schnittlauch, Petersilie, Koriander oder Thymian und gewürzt mit Knoblauch, Zwiebeln, Salz, Pfeffer und erfrischender Zitrone.

Sie passen zu Grillgerichten, zu Kartoffeln und verleihen leckeren Knabbereien wie Crackern, Nachos oder Grissini (Seite 124) die Extra-Portion Protein.

Auch mit Hülsenfrüchten lassen sich tolle Brotaufstriche zaubern. Probieren Sie einmal den weißen Bohnenaufstrich mit dem herrlichen Aroma von frischem Thymian. Sie essen gerne richtig herzhaft? Dann müssen Sie unbedingt das Butter-Töpfle ausprobieren! Es ist eine wunderbare Alternative zu Schmalz.

Sie sehen, viele Speisen werden erst mit dem richtigen Dip oder dem richtigen Aufstrich zu einer wahren Köstlichkeit. Lassen Sie sich von den verschiedenen Geschmacksrichtungen überraschen. Viel Spaß beim Ausprobieren!

« Avocadocreme mit Koriander (Seite 114)

Eine tolle Kombination

Avocadocreme mit Koriander

Für 4 Portionen • gelingt leicht
20 Min.

1 reife Avocado • 100 g körniger Frischkäse • 1 EL Zitronensaft • Salz • Pfeffer • Cayennepfeffer • 4–5 Stängel Koriander (soll 2 EL gehackt ergeben)

- Avocado schälen und pürieren, mit dem Hüttenkäse verrühren. Zitronensaft zugeben, mit Salz, Pfeffer und Cayennepfeffer abschmecken.

- Koriander waschen, trocken tupfen, hacken und unter die Creme rühren.

Nährwerte pro Portion
90 kcal • 4 g E • 7 g F • 5 g KH

Tipp Wenn Sie es etwas schärfer mögen, können Sie gerne noch Chiliflocken zugeben. Diese Creme schmeckt nicht nur auf dem Brot, sondern passt auch toll zu Pellkartoffeln.

Eine Art Frischkäse aus Rheinhessen

Spundekäs

Für 6 Portionen • geht schnell
10 Min.

400 g Frischkäse • 200 g Magerquark • 100 g Schmand • 1 EL Paprikapulver, edelsüß • 1 Prise Paprikapulver, scharf • Salz • Pfeffer

- Frischkäse mit Magerquark und Schmand verrühren. Paprikapulver unterrühren, mit Salz und Pfeffer würzen.

- Der Spundekäs ist fertig, wenn er eine hellrote Farbe aufweist – eventuell noch etwas Paprikapulver unterrühren.

Das passt dazu schmeckt besonders gut zu kräftigem Brot, Laugengebäck, Crackern und Rohkost

Nährwerte pro Portion
140 kcal • 13 g E • 7 g F • 4 g KH

Spundekäs

So gut schmeckt's in Baden

Bibbeleskäs

Für 4 Portionen • gelingt leicht
⏲ 20 Min.

1 Schalotte • ½ Bund Schnittlauch • 500 g Magerquark • 125 ml Sahne • Salz • Pfeffer

- Schalotte schälen und fein hacken. Schnittlauch waschen, trocken tupfen und in feine Röllchen schneiden.

- Quark durch ein Haarsieb streichen, so wird er lockerer. Sahne schlagen und unter den Quark heben. Zwiebel und Schnittlauch dazugeben und mit Salz und Pfeffer abschmecken.

Das passt dazu eine Scheibe frisches Brot oder eine Pellkartoffel

Variante Anstatt Sahne können Sie auch Mineralwasser mit dem Quark verrühren. So wird er ebenfalls schön cremig.

Nährwerte pro Portion
125 kcal • 12 g E • 7 g F • 4 g KH

Einfach köstlich

Weißer Bohnenaufstrich

Für 4 Portionen • gelingt leicht
⏲ 15 Min. + 12 Std. Einweichzeit + 1 Std. Kochzeit

100 g getrocknete weiße Bohnen • 1 Knoblauchzehe • ¼ Bund Thymian (= 1 EL Thymianblättchen) • 3 EL Olivenöl • 2 EL Zitronensaft • Salz • Pfeffer

- Bohnen über Nacht einweichen, Einweichwasser abgießen und in reichlich frischem Wasser ca. 1 Std. garen, bis sie weich sind.

- Knoblauch schälen und fein hacken. Thymian waschen, abtupfen und Blättchen abzupfen.

- Bohnen, Knoblauch, Thymian, Öl und Zitronensaft in einen Mixer geben und cremig pürieren. Mit Salz und Pfeffer abschmecken.

Nährwerte pro Portion
150 kcal • 6 g E • 8 g F • 11 g KH

Tipp Sie können auch 200 g gekochte Bohnen aus der Dose verwenden, dann ist der Brotaufstrich schnell zubereitet.

Passt zu vielen Gerichten

Kräuterdip

Für 4 Portionen • geht schnell
15 Min.

1 Knoblauchzehe • 150 g Magerquark • 150 g saure Sahne (10% Fett) • 2 EL Petersilie, gehackt (frisch oder TK) • 2 EL Schnittlauch, gehackt (frisch oder TK) • 2 TL Limettensaft • Salz • Pfeffer

- Knoblauchzehe schälen und fein hacken.

- Quark und saure Sahne verrühren. Knoblauch, Petersilie und Schnittlauch unterrühren. Mit Limettensaft, Salz und Pfeffer würzen

Nährwerte pro Portion
105 kcal • 7 g E • 7 g F • 3 g KH

Tipp schmeckt toll zu Pellkartoffeln, Kichererbsenpfannkuchen (Seite 56), Crackern, Rohkost und Brot

Fein und herzhaft

Schinkencreme

Für 2 Portionen • gelingt leicht
10 Min.

1 Knoblauchzehe • 1 Lauchzwiebel • 2 Stängel Petersilie • 150 g Magerquark • 75 g saure Sahne • 1 TL Rapsöl • 100 g magere Speckwürfel • Salz • Pfeffer

- Knoblauch schälen und fein hacken. Lauchzwiebel waschen, trocken tupfen und in Röllchen schneiden. Petersilie waschen, trocken tupfen und fein hacken.

- Quark mit der sauren Sahne und dem Öl verrühren. Speckwürfel, Knoblauch, Lauchzwiebel und Petersilie unterrühren. Mit Salz und Pfeffer abschmecken.

Das passt dazu eine kleine Kartoffel oder eine halbe Scheibe Brot

Nährwerte pro Portion
110 kcal • 12 g E • 5 g F • 3 g KH

Tipp Richten Sie die Schinkencreme auf Pumpernickeltalern an – ein schnelles Fingerfood!

Herzhaft mit gerösteten Zwiebeln und Äpfeln

Butter-Töpfle

Für 20 Portionen • gut vorzubereiten
⏲ 45 Min.

1 Zwiebel (ca. 80 g) • 1 Apfel (ca. 125 g) • 1 EL Zitronensaft • 250 g Butter (Zimmertemperatur) • 1 TL Thymian, frisch, gehackt (oder ½ TL Thymian, getrocknet) • Pfeffer

- Zwiebel schälen und fein würfeln. Apfel schälen, vierteln, Kerngehäuse entfernen und fein würfeln. Apfelwürfel mit Zitronensaft beträufeln.

- 30 g Butter in einer kleineren Pfanne erhitzen, Zwiebel darin hellbraun anrösten. Apfelstückchen dazugeben und mitbraten, bis kaum mehr Flüssigkeit in der Pfanne ist. Abkühlen lassen.

- Die restliche Butter mit dem Handrührgerät sehr schaumig schlagen.

- Die abgekühlte Zwiebel-Apfel-Masse mit dem Thymian mischen und vorsichtig unter die Butter rühren. Mit Pfeffer abschmecken.

- In ein Glas mit Schraubverschluss füllen und im Kühlschrank aufbewahren.

Variante Anstatt Thymian können auch andere Kräuter wie z. B. Petersilie gut verwendet werden.

Nährwerte pro Portion (ca. 20 g)
100 kcal • < 1 g E • 10 g F • 1 g KH

Ein Muss für Koriander-Fans

Koriander-Limetten-Dip

Für 4 Portionen • geht schnell
⏲ 10 Min.

½ Bund Koriander • 1 Bio-Limette • 250 g Joghurt • Salz • 1–2 Prisen Zucker

- Koriander waschen, trocken tupfen und fein hacken.

- Limette waschen, Schale abreiben, halbieren und eine Hälfte auspressen.

- Koriander, Limettenschale und Limettensaft mit dem Joghurt verrühren. Mit Salz und Zucker abschmecken.

Das passt dazu: Kurzgebratenes oder der Hackfleischspieß (Seite 57)

Nährwerte pro Portion
55 kcal • 3 g E • 3 g F • 4 g KH

Koriander-Limetten-Dip

GESCHENKE AUS DER KÜCHE

Geschenke aus der Küche sind etwas ganz Besonderes. Sie werden mit viel Liebe zubereitet und sollen dem Beschenkten eine ganz besondere Wertschätzung zeigen. Selbstgemachte Süßigkeiten wie Pralinen oder Konfekt gehören längst zu den Klassikern.

Es gibt aber auch sehr schöne andere Mitbringsel aus der eigenen Küche, wie selbstgemachter Essig und tolle Öle mit Geschmack. Viel Spaß beim Werkeln in der Küche und vor allem beim Verschenken!

« Granatapfelessig (Seite 122)

Für den besonderen Geschmack

Granatapfelessig

Für 700 ml • gelingt leicht
5 Min.

500 ml Balsamico, weiß • 200 ml Granatapfelsirup (Seite 136)

- Essig mit dem Sirup vermischen, in Flaschen abfüllen und kühl und dunkel lagern.

Nährwerte pro 100 ml
170 kcal • < 1 g E • < 1 g F • 40 g KH

Ein fruchtiger Genuss

Himbeer-Essig

Für ca. 900 ml • gelingt leicht
10 Min. + 1 Std. Auftauzeit

500 g TK-Himbeeren • 2 EL Zucker • 500 ml Balsamico, weiß

- Himbeeren auftauen lassen. Mit Zucker und Essig vermischen und fein pürieren.
- Durch ein feines Sieb streichen und in Flaschen abfüllen.
- Hält sich dunkel und kühl gelagert ca. 6 Monate.

Nährwerte pro Portion
80 kcal • < 1 g E • < 1 g F • 17 g KH

Tipp Dieser fruchtige, aromatische Essig schmeckt besonders gut zu Feldsalat.

Mit feinem Aroma nicht nur für Sommersalate

Mangoessig

Für 750 ml • geht schnell
5 Min.

500 ml Balsamico, weiß • 250 ml Mangosirup (Seite 140)

- Essig und Mangosirup vermischen.
- In Flaschen abfüllen, gut verschließen, kühl und dunkel lagern.

Nährwerte pro 100 ml
150 kcal • < 1 g E • < 1 g F • 35 g KH

Tipp Dieser tolle Essig ist ein wunderbares Mitbringsel! Er passt hervorragend zu Endivien- oder zu Chicoréesalat.

Schmeckt nach Sommer

Zitronenöl

Für 250 ml • geht schnell
⏲ 10 Min.

1 Bio-Zitrone • 250 ml Olivenöl

● Zitrone waschen und abtrocknen. Die Schale mit einem Sparschäler sehr dünn abschälen. Es sollte nichts Weißes an der Schale sein.

● Die Schale in eine Flasche geben, mit dem Öl auffüllen und mind. 2 Tage durchziehen lassen.

Nährwerte pro 250 ml
870 kcal • < 1 g E • 98 g F • < 1 g KH

Tipp Das Zitronenöl passt besonders gut zu leichten Sommersalaten und ist auch ein sehr schönes Mitbringsel.

Ein tolles Aroma

Orangenöl

Für 250 ml • geht schnell
⏲ 10 Min.

½ Bio-Orange • 250 ml Olivenöl

● Orange waschen und abtrocknen. Die Schale mit einem Sparschäler dünn abschälen.

● Die Schale in eine Flasche geben, mit dem Öl auffüllen und mind. 2 Tage durchziehen lassen.

Nährwerte pro 250 ml
870 kcal • < 1 g E • 98 g F • < 1 g KH

KNABBEREIEN

Saaten-Cracker (Seite 127)

Haben Sie Lust auf etwas Neues? Auf einen etwas anderen Knabberspaß? Dann probieren Sie unbedingt einmal die leckeren, knusprigen Cracker und gerösteten Knabbereien aus. Cracker aus Hanf-, Kichererbsen- oder Linsenmehl bieten einen tollen Geschmack. Auch die gerösteten Mung- und Sojabohnen sind eine interessante Knabberei.

Leider sind die Mehle und Bohnen nicht in jedem Supermarkt erhältlich, hier müssen Sie eventuell im Bio-Laden oder Naturkostladen schauen. Dort werden Sie sicherlich fündig.

Zu den Knabbereien passen wunderbar die leckeren Aufstriche und Dips (Seite 112). Damit haben Sie nicht nur einen tollen Geschmack, sondern können gleichzeitig auch die Eiweißmenge erhöhen. Sie sind aber nicht nur für zu Hause gedacht, sondern können genauso gut als Snack zur Arbeit oder für unterwegs mitgenommen werden.

Auch Grissini und Nachos sind lecker und eignen sich als Knabberei für den Alltag und für Feste. Und die kleinen Käsefüße? Die müssen Sie unbedingt probieren. Damit überraschen Sie nicht nur Ihre Lieben zu Hause, sondern kommen auch auf Partys wunderbar an.

Unbedingt probieren!

Hanf-Cracker

Für 5 Portionen • gelingt leicht
⏲ 15 Min. + 25 Min. Backzeit

50 g Hanfmehl • 50 g Mandeln, gemahlen • 20 g Leinsamen, geschrotet • 30 g Hanfsamen • 20 g Sesam • ½ TL Salz • 1 EL Olivenöl • 4 EL Wasser

- Backofen auf 175 Grad (Umluft 160 Grad) vorheizen.
- Hanfmehl, Mandeln, Leinsamen, Hanfsamen, Sesam und Salz in einer Schüssel verrühren. Olivenöl und Wasser zugeben und alles zu einem glatten Teig verarbeiten.
- Teig auf einer bemehlten Arbeitsfläche dünn ausrollen. Mit einem Teigrädchen oder Messer kleine Quadrate (ca. 4 cm) ausschneiden.
- Cracker auf ein mit Backpapier belegtes Blech legen und ca. 20–25 Min. backen.

Nährwerte pro Portion (ca. 35 g)
220 kcal • 11 g E • 17 g F • 7 g KH

Schmecken toll

Leinsamen-Cracker

Für 6 Portionen • gelingt leicht
⏲ 20 Min. + 15–20 Min. Backzeit

125 g Weizenvollkornmehl • 50 g Leinsamen, geschrotet • ½ TL Salz • 40 g kalte Butter • 70 ml Milch (3,5 % Fett) • grobes Salz zum Bestreuen

- Backofen auf 200 Grad (Umluft 180 Grad) vorheizen.
- Mehl, Leinsamen und Salz in eine Schüssel geben.
- Die kalte Butter in Stückchen schneiden. Butter und Milch in die Schüssel dazugeben und alle Zutaten zügig zu einem glatten Teig verkneten.
- Teig auf einer bemehlten Arbeitsfläche dünn ausrollen. Mit einem Teigrädchen oder Messer kleine Quadrate (ca. 4 cm) ausschneiden.
- Cracker auf ein mit Backpapier belegtes Blech legen und je nach Dicke ca. 15–20 Min. backen.

Nährwerte pro Portion (ca. 35 g)
165 kcal • 5 g E • 10 g F • 18 g KH

Ein etwas anderer Knabberspaß

Kichererbsen-Cracker

Für 8 Portionen • gut vorzubereiten
⏲ 10 Min. + 10 Min. Ruhezeit + 20–25 Min. Backzeit

200 g Kichererbsenmehl • 1 TL Backpulver • 2 EL Rapsöl • 2 TL getrockneter Thymian • 1 TL getrocknete Kräuter der Provence • 80 ml Wasser • 1 TL Salz

- Mehl, Backpulver, Öl, die getrockneten Kräuter, Wasser und Salz zu einem festen Teig kneten. Den Teig 10 Min. ruhen lassen.
- Backofen auf 180 Grad vorheizen.
- Teig ausrollen. Der Teig ist sehr klebrig, am besten auf ein Backpapier geben und ein zweites Backpapier auf den Teig legen, dann dünn ausrollen.
- Den Teig in Rauten schneiden, auf ein mit Backpapier belegtes Backblech legen und ca. 20–25 Min. bis zur gewünschten Bräune backen. Nach der Hälfte der Backzeit die Cracker wenden.

Nährwerte pro Portion (ca. 25 g)
100 kcal • 5 g E • 4 g F • 11 g KH

Mit dem Superfood Leinsamen

Saaten-Cracker

Für 10 Portionen • gut vorzubereiten
⏲ 10 Min. + 15 Min. Quellzeit + 50 Min. Backzeit

100 g Leinsamen, geschrotet • 60 g Sesam • 80 g Sonnenblumenkerne • 50 g Mandeln, gemahlen • 1 TL Salz • 250 ml Wasser • 1 EL Rapsöl

- Leinsamen, Sesam, Sonnenblumenkerne, Mandeln und Salz in einer Schüssel vermischen. Das Wasser hinzugeben und etwa 15 Min. quellen lassen.
- Backofen auf 170 Grad vorheizen.
- Backblech mit Backpapier auslegen, das Öl darauf verstreichen. Den Teig dünn darauf verstreichen.
- Die Cracker 30 Min. backen, aus dem Ofen nehmen und in die gewünschte Größe schneiden. Weitere 20 Min. backen, bis sie knusprig sind.

Nährwerte pro Portion (ca. 30 g)
165 kcal • 7 g E • 13 g F • 4 g KH

Schmecken einfach nur gut

Geröstete Walnüsse

Für 8 Portionen • gelingt leicht

5 Min. + 10 Min. Backzeit

200 g Walnüsse • 2 EL Olivenöl • Salz

- Backofen auf 190 Grad vorheizen, ein Backblech mit Backpapier belegen.

- Die Nüsse in eine Schüssel geben und mit dem Olivenöl vermengen. Mit Salz würzen (je nach Geschmack).

- Die Nüsse auf das Backblech geben und im Ofen 10 Min. rösten. Sie sollten nicht zu dunkel werden, da sie sonst bitter schmecken.

Nährwerte pro Portion (ca. 25 g)

205 kcal • 4 g E • 20 g F • 3 g KH

Knackige aromatische Nüsse

Gerösteter Nussmix

Für 8 Portionen • gut vorzubereiten

10 Min. + 12 Min. Backzeit

1 Bio-Limette • 1½ EL Zucker • 1 TL Salz • 2 TL Currypulver • 1 TL Paprikapulver, edelsüß • ½ TL Chiliflocken • ½ TL Pfeffer, frisch gemahlen • 1 Eiweiß • 300 g Nüsse gemischt (Mandeln, Erdnüsse, Kürbiskerne, Walnüsse, Cashewkerne)

- Backofen auf 180 Grad vorheizen. Limettenschale abreiben, Saft auspressen.

- Schale mit Zucker, Salz, Curry- und Paprikapulver, Chiliflocken und Pfeffer vermischen.

- Eiweiß, Limettensaft und Nüsse zugeben und gut vermengen.

- Nüsse auf einem mit Backpapier ausgelegten Backblech verteilen. Im Ofen 6 Min. rösten.

- Backpapier entfernen, Nüsse wenden und weitere 6 Min. rösten.

Nährwerte pro Portion (ca. 30 g)

170 kcal • 6 g E • 14 g F • 6 g KH

Tipp Die Gewürzmischung kann nach Belieben variiert werden. Die Nüsse schmecken nicht nur gut, sondern sind auch ein tolles Geschenk.

Gerösteter Nussmix

Ein ungewöhnlicher Snack

Geröstete Mungbohnen

Für 8 Portionen • gut vorzubereiten
10 Min. + 12 Std. Einweichzeit + 15–20 Min. Backzeit

200 g Mungbohnen • 1 EL Rapsöl • 1 TL Salz • Gewürze nach Geschmack (siehe Tipp)

- Mungbohnen über Nacht einweichen. Am nächsten Tag Bohnen abgießen, abspülen und gut abtropfen lassen.

- Backofen auf 190 Grad vorheizen. Bohnen in einer Schüssel mit Öl, Salz und nach Belieben weiteren Gewürzen vermischen.

- Bohnen auf einem mit Backpapier ausgelegten Backblech verteilen und etwa 15–20 Min. im Ofen rösten, dabei mehrmals wenden.

Nährwerte pro Portion (ca. 35 g)
90 kcal • 6 g E • 2 g F • 10 g KH

Tipp Mungbohnen sind nicht überall erhältlich, probieren Sie es in einem Naturkostladen. Sie können die Gewürze variieren und die Mungbohnen mit Paprikapulver, Currypulver, Cayennepfeffer oder Chiliflocken würzen.

Lecker, knackig und schnell zubereitet

Geröstete Cashews

Für 8 Portionen • gelingt leicht
5 Min. + 10 Min. Backzeit

200 g Cashewkerne • 2 EL Olivenöl • Salz

- Backofen auf 190 Grad vorheizen, ein Backblech mit Backpapier belegen.

- Die Kerne in eine Schüssel geben und mit dem Olivenöl vermengen. Mit Salz würzen (je nach Geschmack).

- Die Kerne auf das Backblech geben und im Ofen 10 Min. rösten.

Nährwerte pro Portion (ca. 25 g)
170 kcal • 5 g E • 14 g F • 6 g KH

Die tollen Bohnen mal ganz anders

Geröstete Sojabohnen

Für 10 Portionen • gelingt leicht
⏲ 5 Min. + 12 Std. Einweichzeit + 40 Min. Backzeit

150 g Sojabohnen, getrocknet • 1 TL Rapsöl • Salz

- Sojabohnen über Nacht in reichlich Wasser einweichen. Einweichwasser verwerfen, Bohnen abspülen und abtropfen lassen.

- Backofen auf 170 Grad vorheizen.

- Bohnen in einer Schlüssel mit Öl und Salz vermischen, auf einem Backblech verteilen und etwa 40 Min. rösten, bis sie eine goldbraune Farbe haben. Bohnen dabei etwa alle 10 Min. rütteln, damit sie gleichmäßig gebräunt werden.

Nährwerte pro Portion (ca. 30 g)
65 kcal • 6 g E • 3 g F • < 1 g KH

Knusprig und kross aus dem Backofen

Nachos

Für 20 Portionen • braucht etwas mehr Zeit
⏲ 1 Std.

250 g Maisgrieß (Polenta) • 250 g Weizenmehl (Type 405) • 250 ml Wasser • 2 EL Olivenöl • ½ TL Salz • 1–2 EL Olivenöl zum Braten • 3 EL Olivenöl zum Bestreichen • Salz

- Maisgrieß, Mehl, Wasser, 2 EL Olivenöl und Salz vermischen und zu einem glatten Teig verarbeiten.

- Teig in 10 Teile teilen und diese jeweils mit einem Wellholz auf einer bemehlten Arbeitsplatte zu kleinen Kreisen ausrollen.

- Etwas Öl in einer Pfanne erhitzen, Tortillafladen so lange von beiden Seiten ausbacken, bis sie Blasen werfen.

- Backofen auf 180 Grad vorheizen.

- Tortillafladen in die typischen Nacho-Dreiecke schneiden und auf ein mit Backpapier ausgelegtes Backblech geben. Die Dreiecke mit Olivenöl bestreichen und mit Salz bestreuen.

- Im Backofen in ca. 10 Min. goldgelb backen. Die Teigmenge ergibt ca. 3 Backbleche.

Nährwerte pro Portion (ca. 25 g)
110 kcal • 2 g E • 3 g F • 18 g KH

Mediterran mit Rosmarin

Grissini mit Parmesan

Für 30 Stück • braucht etwas mehr Zeit
20 Min. + 10 Min. Ruhezeit + 15 Backzeit je Blech

250 g Weizenmehl, Typ 405 • 250 g Weizenvollkornmehl • 1 Pck. Trockenhefe • 1 Prise Zucker • 2 TL Salz • 3 EL Olivenöl • 325 ml lauwarmes Wasser • 2 EL getrockneter Rosmarin • 50 g geriebener Parmesan • Mehl für die Arbeitsfläche • Wasser zum Bestreichen

- Mehl in eine Schüssel geben, mit der Trockenhefe vermischen. Zucker, Salz, Öl und lauwarmes Wasser zugeben und so lange kneten, bis ein elastischer, glatter Teig entstanden ist. Den Teig mit einem Küchentuch abdecken und an einem warmen Ort ca. 10 Min. gehen lassen.

- Den Backofen auf 200 Grad (Umluft 180 Grad) vorheizen. Den Teig aus der Schüssel nehmen, Rosmarin und Parmesan unterkneten. Auf einer bemehlten Arbeitsfläche ausrollen, in 1 cm dicke Streifen schneiden und diese rund rollen.

- Die Grissini auf ein mit Backpapier ausgelegtes Backblech legen und dünn mit Wasser bestreichen. Die Grissini nicht zu eng aneinanderlegen, es passen etwa 10 auf ein Backblech. Diese werden im Ofen in ca. 15 Min. goldbraun gebacken.

Nährwerte pro Stück
75 kcal • 2 g E • 2 g F • 11 g KH

Der absolute Renner!

Käsefüße

Für 15 Portionen • braucht etwas mehr Zeit
20 Min. + 1 Std. Kühlzeit + 20 Min. Backzeit je Blech

100 g Vollkornmehl • 100 g Mehl Type 405 • 1 TL Backpulver • 1 TL Salz • 200 g Butter • 200 g Magerquark • 100 g Emmentaler, gerieben • 1 Eigelb • 1 EL Sahne • außerdem: Ausstecher in Fußform (Länge ca. 6 cm)

- Mehl mit Backpulver und Salz vermischen. Mit Butter, Quark und 60 g geriebenem Käse mit den Knethaken des Rührgerätes zu einem glatten Teig verarbeiten. Diesen in Frischhaltefolie wickeln und 1 Std. im Kühlschrank ruhen lassen.

- Backofen auf 180 Grad vorheizen und ein Backblech mit Backpapier auslegen.

- Den gekühlten Teig auf einer bemehlten Arbeitsfläche ca. 5 mm dick ausrollen und mit dem Ausstecher kleine Füße ausstechen. Die Füße auf ein Backblech legen, dabei die Hälfte der Füße umdrehen, damit Sie rechte und linke Füße bekommen.

- Eigelb mit Sahne verrühren, die Füße damit einstreichen und mit dem restlichen geriebenen Käse (40 g) bestreuen. Die Menge ergibt ca. 2 Backbleche. Jeweils in 15–20 Min. im Backofen goldgelb backen.

Nährwerte pro Portion (ca. 35 g)
185 kcal • 5 g E • 14 g F • 9 g KH

Käsefüße

GETRÄNKE

Verfeinern Sie Ihr Wasser ganz einfach mit Obst und Kräutern. Nehmen Sie Ihr Lieblingsobst, geben Sie es in eine Glaskaraffe oder in eine Trinkflasche mit Obsteinsatz und lassen Sie das Getränk einige Stunden im Kühlschrank ziehen. Schon haben Sie ein leckeres Getränk, das nicht nur toll aussieht, sondern auch noch super schmeckt und eine tolle Alternative zu stillem Mineralwasser ist.

Zur Verfeinerung von Wasser können Sie auch Sirup in kleinen Mengen nehmen. Versuchen Sie einmal den leckeren Limettensirup. Granatapfel- und Mangosirup eignen sich ebenfalls hervorragend, um Getränken einen tollen Geschmack zu geben. Zudem können sie gut vorbereitet und im Kühlschrank aufbewahrt werden.

Probieren Sie neue Geschmacksrichtungen aus und kombinieren Sie nach Belieben. Hier sind Ihrer Fantasie keine Grenzen gesetzt, wichtig ist, dass es schmeckt. Viel Spaß beim Ausprobieren und Genießen!

« Himbeer-Limette (Seite 136)

Das perfekte Paar

Himbeer-Limette

Für 1 l • geht schnell
5 Min.

2 Bio-Limetten • 200 g Himbeeren (frisch oder TK) • 1 l stilles Wasser

- Eine Limette auspressen, die andere Limette in Scheiben schneiden.

- Himbeeren in eine Karaffe geben, Limettensaft und die Limettenscheiben dazugeben. Mit Wasser auffüllen und 2–3 Std. im Kühlschrank ziehen lassen.

Nährwerte pro 100 ml
15 kcal • < 1 g E • < 1 g F • 2 g KH

Tipp Statt Himbeeren und Limetten zu nehmen, können Sie sich auch ein reines Beerenwasser aus 150 g gemischten Beeren (frisch oder TK) und 1 l stillem Wasser ansetzen. Das schmeckt ebenfalls wunderbar und ist schnell zubereitet.

Eine gelungene Kombination

Heidelbeere mit Limette

Für 1 l • geht schnell
5 Min.

½ Bio-Limette • 1–2 Stängel Minze • 100 g Heidelbeeren (frisch oder TK) • 1 l stilles Wasser

- Limette waschen, abtrocknen und in Scheiben schneiden.

- Minze waschen und abtupfen.

- Limette, Minze und Heidelbeeren in eine Karaffe geben, mit Wasser auffüllen und ca. 2–3 Std. im Kühlschrank ziehen lassen.

Nährwerte pro 100 ml
7 kcal • < 1 g E • < 1 g F • 1 g KH

Für das gewisse Etwas

Granatapfelsirup

Für ca. 800 ml • braucht etwas mehr Zeit
ca. 1 Std.

6 Granatäpfel (ca. 600 ml Saft) • 1 Zitrone • 500 g Zucker

- Kerne aus den Granatäpfeln herauslösen, pürieren und durch ein Sieb gießen. Dies ergibt ca. 600 ml Saft.

- Zitrone auspressen, mit dem Granatapfelsaft in einen Topf gegeben. Zucker unterrühren, bis er sich aufgelöst hat.

- Unter Rühren erhitzen, etwa 3 Min. sprudelnd kochen lassen, heiß in Flaschen abfüllen und gut verschließen. Kühl und dunkel lagern.

Nährwerte pro 100 ml
350 kcal • < 1 g E • < 1 g F • 85 g KH

Tipp Geben Sie ca. 60 ml Sirup, 1 Bio-Limette und ½ Bio-Orange (beide in Scheiben geschnitten) in eine Karaffe und füllen mit 1 l stillem Wasser auf! Ein sehr erfrischendes Getränk!

Einfach lecker

Grapefruit-Granatapfel

Für 1 l • geht schnell
10 Min.

½ Bio-Grapefruit • ¼ Granatapfel • 1 Stängel Minze • 40 ml Granatapfelsirup (Seite 136) • 1 l stilles Wasser

- Grapefruit gut waschen und in Scheiben schneiden.
- Aus dem Granatapfel die Kerne herauslösen.
- Minze waschen und trocken tupfen.
- Grapefruit, Granatapfelkerne, Sirup und Minze in eine Karaffe geben, mit Wasser auffüllen und ca. 2–3 Std. im Kühlschrank ziehen lassen.

Nährwerte pro 100 ml
20 kcal • ‹ 1 g E • ‹ 1 g F • 4 g KH

Tipp Sollten Sie keine Bio-Grapefruit bekommen, so können Sie eine Hälfte einer behandelten Grapefruit filetieren und die Grapefruit-Scheiben in die Karaffe geben.

Sieht gut aus und schmeckt gut

Orangen-Ingwer-Wasser

Für 1 l • geht schnell
5 Min.

½ Bio-Orange • 20 g Ingwer • 1 l stilles Wasser

- Orange gut waschen und in Scheiben schneiden. Ingwer schälen und quer zur Faser in Scheiben schneiden.
- Beides in eine Karaffe geben, mit Wasser auffüllen und 2–3 Std. ziehen lassen.

Nährwerte pro 100 ml
7 kcal • ‹ 1 g E • ‹ 1 g F • 1 g KH

Tipp schmeckt auch toll, wenn Sie ein paar Blätter Minze dazugeben

Ideal für heiße Sommertage

Zitronen-Gurken-Wasser

Für 1 l • geht schnell
5 Min.

1 Bio-Zitrone • ¼ Bio-Gurke • 1 l stilles Wasser

- Zitrone und Gurke waschen, abtrocknen und in Scheiben schneiden.

- Alles in eine Karaffe geben, mit Wasser auffüllen und 2–3 Std. im Kühlschrank ziehen lassen.

Nährwerte pro 100 ml
5 kcal • < 1 g E • < 1 g F • < 1 g KH

Unbedingt probieren

Pfirsich-Rosmarin-Wasser

Für 1 l • geht schnell
10 Min.

1–2 Plattpfirsiche • 2 Stängel Rosmarin • 1 l stilles Wasser

- Pfirsiche waschen und in Scheiben schneiden.

- Rosmarin waschen und abtupfen.

- Pfirsiche und Rosmarin in eine Karaffe geben, mit Wasser auffüllen und 2–3 Std. ziehen lassen.

Nährwerte pro 100 ml
8 kcal • < 1 g E • < 1 g F • 2 g KH

Pfirsich-Rosmarin-Wasser

So viel Zeit muss sein

Limettensirup

Für 600 ml • gut vorzubereiten
45 Min.

16 Limetten (davon mind. 1 in Bio-Qualität für den Schalenabrieb) • 200 g Zucker

- Von der Bio-Limette die Schale abreiben.
- Limetten auspressen und den Saft in einen Topf geben. Abgeriebene Limettenschale und Zucker zufügen und verrühren.
- Alles bei mittlerer Hitze ca. 10 Min. köcheln lassen.
- In Flaschen abfüllen, verschließen und kühl lagern.

Nährwerte pro 100 ml
230 kcal • < 1 g E • < 1 g F • 33 g KH

Tipp Geben Sie etwa 100 ml Limettensirup mit Minzblättern und einer Limette in eine Karaffe und gießen Sie das Ganze mit 1 l stillem Wasser auf. Stellen Sie die Mischung kühl und Sie erhalten ein herrlich erfrischendes Getränk.

Vielseitig zu verwenden

Mangosirup

Für 1,4 l • gut vorzubereiten
45 Min.

3 reife Mangos (ergibt ca. 500 ml Saft) • 500 ml Wasser • 800 g Zucker • 5 g Zitronensäure

- Mango schälen und Fruchtfleisch in kleine Würfel schneiden und pürieren.
- Mangopüree durch ein Sieb streichen, damit es faserlos wird, ergibt ca. 500 ml.
- Mit der gleichen Menge Wasser mischen. In einen Topf geben, Zucker und Zitronensäure unterrühren, bis der Zucker aufgelöst ist.
- Erhitzen und ca. 3 Min. sprudelnd kochen, heiß in Flaschen abfüllen und gut verschließen. Kühl und dunkel lagern.

Nährwerte pro 100 ml
255 kcal • < 1 g E • < 1 g F • 62 g KH

Tipp Mangosirup können Sie zum Verfeinern von Essig, für Getränke und für Frozen Joghurt verwenden.

Hagebutte trifft Zitronengras

Roter Eistee

Für 1 l • gelingt leicht
⏲ 10 Min. + 15 Min. Ziehzeit + min. 1 Std. Kühlzeit

3 Stangen Zitronengras • 500 ml Wasser • 5 Beutel Hagebuttentee • 500 g Eiswürfel • 2 EL Agavendicksaft

- Äußere Blätter des Zitronengrases entfernen. Die dicken Enden mit der breiten Seite eines großen Messers oder dem Stößel eines Mörsers kräftig andrücken und mit dem Wasser aufkochen.
- Teebeutel zugeben und 15 Min. ziehen lassen.
- Beutel ausdrücken und entfernen, Zitronengras herausnehmen und Tee durch ein feines Sieb gießen, um Zitronengras-Fasern zu entfernen.
- Eiswürfel zum Tee geben, mit Agavendicksaft vermischen und mindestens 1 Std. kühl stellen.

Nährwerte pro 100 ml
10 kcal • < 1 g E • < 1 g F • 3 g KH

Schmeckt einfach nur gut

Mango-Limetten-Wasser

Für 1 l • geht schnell
⏲ 5 Min.

70 ml Mangosirup • 1 Bio-Limette • 900 ml stilles Wasser

- Mangosirup in eine Karaffe geben.
- Limette waschen, abtrocknen und in Scheiben schneiden, in die Karaffe geben.
- Mit Wasser auffüllen und 2–3 Std im Kühlschrank ziehen lassen.

Nährwerte pro 100 ml
20 kcal • < 1 g E • < 1 g F • 4 g KH

Ein etwas anderer Eistee

Gelber Eistee

Für 1 l • gelingt leicht
⏲ 5 Min. + 5 Min. Ziehzeit + min. 1 Std. Kühlzeit

1 Bio-Zitrone • 5 Beutel Zitronen- oder Limonentee • 500 ml Wasser • 500 g Eiswürfel • 1 EL Agavendicksaft

- Zitrone waschen, in dünne Scheiben schneiden und zusammen mit den Teebeuteln in eine Kanne geben. Mit kochendem Wasser übergießen und 5 Min. ziehen lassen.
- Teebeutel ausdrücken, entfernen und die Eiswürfel zugeben. Mit dem Agavendicksaft vermischen und mindestens 1 Std. kühl stellen.

Nährwerte pro 100 ml
8 kcal • < 1 g E • < 1 g F • 2 g KH

Rezept- und Zutatenverzeichnis

Bibliografisc he Information der Deutschen Nationalbibliothek
Die Deutsche Nationalbibliothek verzeichnet diese Publikation in der Deutschen Nationalbibliografie;det aillierte bibliografisc he Daten sind im Internet über http://dnb.d-nb.de abrufbar .

Programmplanung: Uta Spieldiener
Projektmanagement: Annalena Müller
Redaktion: Anne Bleick

Bildredaktion:
Christoph Frick, Caroline Merdian
Umschlaggestaltung und Innen-Layout:
CYCLUS · Visuelle Kommunikation, Stuttgart

Bildnachweis
Umschlagfoto und Bild S. 3:
Meike Bergmann, Berlin
Autorenfoto: Ronald Wissler Visuelle Kommunikation
Foodfotos: Rogge & Jankovic, Köln

1. Auflage 2021

TRIAS Verlag in Georg Thieme Verlag KG
Rüdigerstraße 14, 70469 Stuttgart, Germany
www.trias-verlag.de

Printed in Germany

Satz und Repro: Reemers Publishing Services GmbH, Krefeld
gesetzt in Adobe Indesign CC2020
Druck: AZ Druck- und Datentechnik, Kempten

Gedruckt auf chlorfrei gebleichtem Papier

ISBN 978-3-432-11146-9
Auch erhältlich als E-Book:
eISBN (ePub) 978-3-432-11147-6

4 5 6

MIX
Papier | Fördert gute Waldnutzung
FSC® C008457

Wichtiger Hinweis: Wie jede Wissenschaft ist die Medizin ständigen Entwicklungen unterworfen. Forschung und klinische Erfahrung erweitern unsere Erkenntnisse. Ganz besonders gilt das für die Behandlung und die medikamentöse Therapie. Bei allen in diesem Werk erwähnten Dosierungen oder Applikationen, bei Rezepten und Übungsanleitungen, bei Empfehlungen und Tipps dürfen Sie darauf vertrauen: Autoren, Herausgeber und Verlag haben große Sorgfalt darauf verwandt, dass diese Angaben dem Wissensstand bei Fertigstellung des Werkes entsprechen. Rezepte werden gekocht und ausprobiert. Übungen und Übungsreihen haben sich in der Praxis erfolgreich bewährt.

Eine Garantie kann jedoch nicht übernommen werden. Eine Haftung des Autors, des Verlags oder seiner Beauftragten für Personen-, Sach- oder Vermögensschäden ist ausgeschlossen.

Liebe Leserin, lieber Leser,

hat Ihnen dieses Buch weitergeholfen? Für Anregungen, Kritik, aber auch für Lob sind wir offen. So können wir in Zukunft noch besser auf Ihre Wünsche eingehen. Schreiben Sie uns, denn Ihre Meinung zählt!

Ihr TRIAS Verlag

E-Mail-Leserservice
kundenservice.trias-verlag.de

Lektorat TRIAS Verlag
Postfach 30 05 04
70445 Stuttgart

Abonnieren Sie unsere Newsletter:
www.trias-verlaq.de/newsletter

Besuchen Sie uns auf facebook
www.facebook.com/trias.tut.mir.gut

Besuchen Sie uns auf facebook
www.facebook.com/mama.mag.trias

Folgen Sie uns auf Instagram
www.instagram.com/trias_verlag

Lassen Sie sich inspirieren
www.pinterest.com/triasverlag